1日5題 文法ドリル

つぶやきの
ドイツ語

［増補新版］

筒井友弥 @TSUTSUI Tomoya

白水社

イラスト　鹿野理恵子

装丁・本文デザイン　株式会社エディポック＋株式会社ELENA Lab.

本文レイアウト・DTP　株式会社エディポック

は じ め に

「先生、なんか問題集ないですか」

　毎年、とくに4月や夏休み前になると、学生たちからこの質問をよく受ける。単に復習をしたいだけではなく（私としてはこの動機だけで十分嬉しいのだが）、検定や留学などの試験対策として、とにかく問題を解きまくって、ドイツ語に触れていたいとのこと。ドイツ語教員として、あまりに願わしい学生の要望である。対応しないわけにはいかない。しかし、よくよく聞けば、学生のそもそものセリフが少しだけ不十分であったと知らされる。

「先生、なんか単純で、ドイツ語の文法が全部わかるような問題集ないですか」

「ない！」

……なんては言わないものの、あまりに難しい要望である。対応しないわけではない。しかし、よくよく考えれば、そもそも自分の授業がまったく不十分であることに気づかされる。

　学生のころ、私はよくひとりで問題を出して解いていた（ここだけ読むと少し怪しい奴だが）。といっても、決して大層なことはしていない。そもそも答えが正しいかどうかも大事ではなかった。単に、ふと頭に浮かぶこと、目に映る景色や状況を、自分にできる限りの即興のドイツ語で表現するとどうなるか、キャンパスやカフェ、電車のなかや路上など、ことあるごとにひとりよくつぶやいていた（もちろん頭のなかで考えていただけだが……。いや、実際に声に出すこともあったかな。やっぱり怪しい奴だ（汗））。

　本書は、そこから生まれた基本問題集です。毎日、ほんの数分でもかまわないと思います。たとえばそれがたったの5問でも、日々ドイツ語を考える時間を持つことが大切で、そしてそれは、たとえまったく同じ問題であっても、何度でも何度でも解いて、問題を暗記するほどに解き尽くして、さらには自分なりに応用することで、みなさんのドイツ語表現の世界をどんどん広げていっていただければ幸せです。

著　者

　　[　　　]の不定形の動詞を参照して、(　　　　)に人称代名詞を、下線部に動詞の
　　定形を入れ、日本語に合うドイツ語の文を完成させてみましょう。

□□□ ① 私はサッカーをします。[spielen]

　　　　(　　　　　) ＿＿＿＿＿ Fußball.

①
動詞の語尾変化って、確か「esttenten」だったような。けど、なにがどのときに「e」だったり「en」だったりするんだっけ？ それがわからないと意味ないな。

□□□ ② あなたはチェスをされますか。[spielen]

　　　　＿＿＿＿＿ (　　　　　) Schach?

□□□ ③ 僕は柔道をやっている。[machen]

　　　　(　　　　　) ＿＿＿＿＿ Judo.

□□□ ④ 彼は宿題をする。[machen]

　　　　(　　　　　) ＿＿＿＿ Hausaufgaben.

□□□ ⑤ 君は今日勉強するの？ [lernen]

　　　　＿＿＿＿＿ (　　　　　) heute?

⑤
「君」と「あなた」とは区別した方が良さそうだ。「おまえ」ってのもきっとそうだろうな。

□□□ ❻ おまえたちはビールを飲むのかい？ [trinken]

　　　　＿＿＿＿＿ (　　　　　) Bier?

□□□ ❼ 彼らは踊りがとても上手い。[tanzen]

　　　　(　　　　) ＿＿＿＿＿ sehr gut.

□□□ ❽ 彼女はトーマスを心から愛している。[lieben]

　　　　(　　　　) ＿＿＿＿＿ Thomas herzlich.

□□□ ❾ あなた方は今どちらへ行かれるんですか。[gehen]

　　　　Wohin ＿＿＿＿＿ (　　　　) jetzt?

❾
「あなた」の複数ってことか。ということは…

□□□ ❿ 僕たちはピアノを弾くのが好きなんだ。[spielen]

　　　　(　　　　) ＿＿＿＿＿ gern Klavier.

□□□ 11 彼と私は紅茶を飲むわ。[trinken]

(　　　) und (　　　) ＿＿＿＿＿ Tee.

□□□ 12 お前らは東京で働いてんの？ [arbeiten]

＿＿＿＿＿ (　　　) in Tokyo?

□□□ 13 モニカはザビーネを待っている。[warten]

Monika ＿＿＿＿＿ auf Sabine.

□□□ 14 君は明日イタリアに旅行するの？ [reisen]

＿＿＿＿＿ (　　　) morgen nach Italien?

□□□ 15 彼女たちは野菜を買う。[kaufen]

(　　　) ＿＿＿＿＿ Gemüse.

11 うん？ ちょっと気をつけないと！ 主語は…

12 あれっ、なんか発音しづらいなあ。

13 これも発音しにくいぞ！ 同じようなのがほかにもありそうだな。

14 あ、これもまた変だぞ。

□□□ 16 彼はよくコインを見つける。[finden]

(　　　) ＿＿＿＿＿ oft Münzen.

□□□ 17 あんたは何を専攻してる？ [studieren]

Was ＿＿＿＿＿ (　　　)?

□□□ 18 君は踊るのが好きなの？ [tanzen]

＿＿＿＿＿ (　　　) gern?

□□□ 19 ハイケは窓を開ける。[öffnen]

Heike ＿＿＿＿＿ das Fenster.

□□□ 20 そちは名をなんと申す？ [heißen]

Wie ＿＿＿＿＿ (　　　)?

□□□ ㉑　わらわは夢子と申しまする。[heißen]

（　　　　）＿＿＿＿＿＿＿＿ Yumeko.

□□□ ㉒　おぬしはいつも深呼吸をしておるの。[atmen]

（　　　　）＿＿＿＿＿＿＿＿ immer tief.

□□□ ㉓　わしはよく町中をぶらついて回る。[wandern]

（　　　　）＿＿＿＿＿＿＿＿ oft durch die Stadt.

㉓
なんとなく「e」が多
くなるような…

□□□ ㉔　私はただ微笑んでいるだけです。[lächeln]

（　　　　）＿＿＿＿＿＿＿＿ nur.

□□□ ㉕　その会社とはおいらが取り引きしている。[handeln]

Mit der Firma ＿＿＿＿＿＿＿＿（　　　　）.

Tippchen!

　「人称変化」とは、主語の**人称**に従って、**不定形**の動詞を**定形**に変化させること
を指します。この課では、時制が**現在形**で、**規則的な語尾変化**を起こす動詞に限っ
て扱っています。その際、落とし穴となるのは、**語幹**が [t]、[d] や [ffn]、[tm] な
ど、または [s]、[z]、[sch]、[ß] で終わったり、**不定形の語尾**が [-en] ではなく [-n]
で終わっている動詞です。口調の e の挿入、変化語尾 s の脱落、語中の e の省略
可能性に注意しましょう。何より、「発音しにくい」と感じることが大事です。

Lösung

1 Ich spiele Fußball.
2 Spielen Sie Schach?
3 Ich mache Judo.
4 Er macht Hausaufgaben.
5 Lernst du heute?

6 Trinkt ihr Bier?
7 Sie tanzen sehr gut.
8 Sie liebt Thomas herzlich.
9 Wohin gehen Sie jetzt?
10 Wir spielen gern Klavier.

11 Er und ich trinken Tee.
12 Arbeitet ihr in Tokyo?
13 Monika wartet auf Sabine.
14 Reist du morgen nach Italien?
15 Sie kaufen Gemüse.

16 Er findet oft Münzen.
17 Was studierst du?
18 Tanzt du gern?
19 Heike öffnet das Fenster.
20 Wie heißt du?

21 Ich heiße Yumeko.
22 Du atmest immer tief.
23 Ich wand(e)re oft durch die Stadt.
24 Ich läch(e)le nur.
25 Mit der Firma hand(e)le ich.

Lektion 2　動詞 sein, werden, haben の現在人称変化

[　　]の不定形の動詞を参照して、(　　)に人称代名詞を、下線部に動詞の定形を入れ、日本語に合うドイツ語の文を完成させてみましょう。

□□□ ① 私は日本人です。[sein]

(　　　　　) ＿＿＿＿＿＿ Japaner.

①
確か「sein」は、原形を全くとどめないほど形が変わるんだったな。

□□□ ② 今日は私はお金を持っている。[haben]

Heute ＿＿＿＿＿＿ (　　　　　) Geld.

□□□ ③ 彼女は日本人ですか。[sein]

＿＿＿＿＿＿ (　　　　　) Japanerin?

□□□ ④ 僕は将来野球選手になる。[werden]

(　　　　) ＿＿＿＿＿ in Zukunft Baseballspieler.

④
英語の「become」のことか。全然スペルが違うんだな。

□□□ ⑤ 君は何になるの？[werden]

Was ＿＿＿＿＿＿ (　　　　) ?

□□□ ❻ 私たちはきょうだいです。[sein]

(　　　　) ＿＿＿＿＿＿ Geschwister.

□□□ ❼ 貴方はどちら様でしょうか。[sein]

Wer ＿＿＿＿＿ (　　　　) ?

❼
「貴方」とか「どちら様」なんて言ってるってことは…

□□□ ❽ ペトラはもうすぐ母親になる。[werden]

Petra ＿＿＿＿＿＿ bald Mutter.

□□□ ❾ 彼らは優しい。[sein]

(　　　　) ＿＿＿＿＿ nett.

□□□ ❿ 彼女らには今日まだ授業がある。[haben]

(　　　　) ＿＿＿＿＿＿ heute noch Unterricht.

❿
「～には～がある」と訳すとしっくりくる場合もあるんだな。

□□□ ⑪ お前はいったい誰だ？［sein］

Wer ________ (   ) denn?

□□□ ⑫ 彼は腹を空かせている。［haben］

(   ) ________ Hunger.

□□□ ⑬ おっす、おらは悟空。［sein］

Hi, (   ) ________ Goku.

□□□ ⑭ 俺たちは今日からきょうだいになる。［werden］

(   ) ________ ab heute Geschwister.

□□□ ⑮ 我らには勇気がある。［haben］

(   ) ________ Mut.

⑫

なるほど、「空腹を持っている」ってことだな。じゃあ、「のどが渇いている」なんかも同じかな。

□□□ ⑯ お前たちは今どこにいるんだい？［sein］

Wo ________ (   ) jetzt?

□□□ ⑰ 君たちはいつか医者になるの？［werden］

________ (   ) einmal Arzt?

□□□ ⑱ 今日、君、暇？［haben］

________ (   ) heute Zeit?

□□□ ⑲ 俺は海賊王になる。［werden］

(   ) ________ ein Piratenkönig.

□□□ ⑳ アダムとエファはりんごを持っている。［haben］

Adam und Eva ________ einen Apfel.

□□□ ㉑ 我輩は猫です。［ sein ］

(　　　　) _____ ein Kater.

□□□ ㉒ お前ら、火あるか？［ haben ］

_____ (　　　　) Feuer?

□□□ ㉓ 外が暗くなる。［ werden ］

Es _____ dunkel draußen.

□□□ ㉔ こちらがミュラーご夫妻です。［ sein ］

Das _____ Herr und Frau Müller.

㉔

主語はどっちだろう。
「das」かな、「Herr und
Frau Müller」の方かな。

□□□ ㉕ もしもし、俺。［ sein ］

Hallo, (　　　　) _____ 's.

Tippchen!

　ドイツ語の文法において、**sein**、**werden**、**haben** は**最重要動詞**といって過言で
はありません。いわば動詞の三羽烏です。このうち、sein と haben は**完了文**を
作るときに**完了の助動詞**として、werden は**未来文**や**受動文**を作るときに**未来の助
動詞**あるいは**受動の助動詞**として、それぞれ機能的な役割を担います。そのため、
これらの動詞の人称変化は確実に覚えておくようにしましょう。特に sein は完全
に不規則な変化をしますので要注意です。

Lösung

1. Ich bin Japaner.

2. Heute habe ich Geld.

3. Ist sie Japanerin?

4. Ich werde in Zukunft Baseballspieler.

5. Was wirst du?

6. Wir sind Geschwister.

7. Wer sind Sie?

8. Petra wird bald Mutter.

9. Sie sind nett.

10. Sie haben heute noch Unterricht.

11. Wer bist du denn?

12. Er hat Hunger.

13. Hi, ich bin Goku.

14. Wir werden ab heute Geschwister.

15. Wir haben Mut.

16. Wo seid ihr jetzt?

17. Werdet ihr einmal Arzt?

18. Hast du heute Zeit?

19. Ich werde ein Piratenkönig.

20. Adam und Eva haben einen Apfel.

21. Ich bin ein Kater.

22. Habt ihr Feuer?

23. Es wird dunkel draußen.

24. Das sind Herr und Frau Müller.

25. Hallo, ich bin' s (= bin es).

Lektion 3 名詞の性と格（定冠詞と不定冠詞 1・4格）

[   ] の不定形の動詞を参照して、下線部に動詞の定形を、<   >に定冠詞か不定冠詞を入れ、日本語に合うドイツ語の文を完成させてみましょう。
※ [r] ＝男性、[e] ＝女性、[s] ＝中性

□□□ ① その猫[e]は可愛い。[sein]

<   > Katze _____ süß.

> ①
> 「その」ってことは、特定の猫ってことだな。

□□□ ② 私は一冊の本[s]を持っています。[haben]

Ich _____ <   > Buch.

□□□ ③ 一匹の犬[r]がこちらにやってくる。[kommen]

<   > Hund _____ hierher.

> ③
> 「犬が」だから、これって何格だったっけ。

□□□ ④ これは机[r]です。[sein]

Das _____ <   > Tisch.

> ④
> 「机という物」ってことだな。

□□□ ⑤ ゾマー夫人は一通の手紙[r]を書く。[schreiben]

Frau Sommer _____ <   > Brief.

□□□ ❻ その教師[r]はその椅子[r]を買う。[kaufen]

<   > Lehrer _____ <   > Stuhl.

> ❻
> 「椅子を」だから、これって何格だったっけ。

□□□ ❼ 彼はとある村[s]を見つける。[finden]

Er _____ <   > Dorf.

□□□ ❽ その歌[s]は有名なのかい？ [sein]

_____ <   > Lied populär?

□□□ ❾ 彼らは一匹の犬[r]を飼っている。[haben]

Sie _____ <   > Hund.

□□□ ❿ 彼はその音楽[e]を聴く。[hören]

Er _____ <   > Musik.

□□□ ⑪ 君はその寺院［ *r* ］を訪ねるの？［ besuchen ］

____________ du <　　　　> Tempel?

□□□ ⑫ 私たちはいつも帽子［ *r* ］をかぶっています。［ tragen ］

Wir _________ immer <　　　　> Hut.

□□□ ⑬ 誰がその車［ *s* ］を売るのですか？［ verkaufen ］

Wer ____________ <　　　　> Auto?

□□□ ⑭ 私はそのコイン［ *e* ］を集めています。［ sammeln ］

Ich ____________ <　　　　> Münze.

□□□ ⑮ （お店で）そのコート［ *r* ］にします。［ nehmen ］

Ich ____________ <　　　　> Mantel.

⑮
「コートに」？「は」でも「が」でも、「を」でもないけど…

□□□ ⑯ 俺たちはじゃがいも［ *e* ］を一個食べる。［ essen ］

Wir _______ <　　　　> Kartoffel.

□□□ ⑰ 君らはいつもその本［ *s* ］を読んでいる。［ lesen ］

Ihr _________ immer <　　　　> Buch.

□□□ ⑱ ヴァルターは今、歌［ *s* ］を作曲中だ。［ komponieren ］

Walter _____________ jetzt <　　　　> Lied.

□□□ ⑲ 彼は一日中そのボールペン［ *r* ］を探している。［ suchen ］

Er _______ den ganzen Tag <　　　　> Kuli.

□□□ ⑳ その男［ r ］をその女性［ *e* ］は愛している。［ lieben ］

<　　　　> Mann _________ <　　　　> Frau.

⑳
必ず主語から始まるわけじゃないんだね。

□□□ ㉑　その医者[r]と女教師[e]が犯人だ。[sein]

　　　　< 　　　 > Arzt und < 　　　 > Lehrerin

　　　　　　　　_____ Täter.

□□□ ㉒　その歌手[r]は歌がうまいの？ [singen]

　　　　_____ < 　　　　 > Sänger schön?

□□□ ㉓　一個のリンゴ[r]がゆっくり転がる。[rollen]

　　　　< 　　 > Apfel _____ langsam.

□□□ ㉔　彼は一杯[e]の紅茶[r]を飲む。[trinken]

　　　　Er _____ < 　　　 > Tasse Tee.

㉔
_____
「紅茶」は男性だけど…

□□□ ㉕　ある少年[r]がその少女[s]にキスをする。[küssen]

　　　　< 　　 > Junge _____ < 　　　 > Mädchen.

㉕
_____
「少女」は中性なんだ。

Tippchen!

　名詞の**性**は**文法上の性**なので、例えば「少女」のように自然の性に反するものが
あります。そもそも、「本」や「机」は無生物ですね。そのため、名詞の性は**覚え
る**ことが得策です。また、**格**とは、たとえば日本語の格助詞「が」「の」「に」「を」
のように、名詞に**主語**か**目的語**かといった役割を与えるものです。ドイツ語の格に
は**1格**、**2格**、**3格**、**4格**があり、日本語の格助詞と一対一の関係のようにも見え
ますが、実際は、それぞれの動詞が**何格を必要**（＝**格支配**）とするかに従います。
さらに、名詞が**特定**か**不特定**かによって、「**定**」冠詞か「**不定**」冠詞かが決まります。
とはいえ、この特定・不特定の区別は非常に難しいので、少しずつ**語感**を養ってい
きましょう。

Lösung

① Die Katze ist süß.

② Ich habe ein Buch.

③ Ein Hund kommt hierher.

④ Das ist ein Tisch.

⑤ Frau Sommer schreibt einen Brief.

❻ Der Lehrer kauft den Stuhl.

❼ Er findet ein Dorf.

❽ Ist das Lied populär?

❾ Sie haben einen Hund.

❿ Er hört die Musik.

⑪ Besuchst du den Tempel?

⑫ Wir tragen immer einen Hut.

⑬ Wer verkauft das Auto?

⑭ Ich sammle die Münze.

⑮ Ich nehme den Mantel.

⓰ Wir essen eine Kartoffel.

⓱ Ihr lest immer das Buch.

⓲ Walter komponiert jetzt ein Lied.

⓳ Er sucht den ganzen Tag den Kuli.

⓴ Den Mann liebt die Frau.

㉑ Der Arzt und die Lehrerin sind Täter.

㉒ Singt der Sänger schön?

㉓ Ein Apfel rollt langsam.

㉔ Er trinkt eine Tasse Tee.

㉕ Ein Junge küsst ein Mädchen.

Lektion 4　不規則動詞の現在人称変化

[　　] の不定形の動詞を参照して、下線部に動詞の定形を、<　　>に定冠詞か不定冠詞を入れ、日本語に合うドイツ語の文を完成させてみましょう。

□□□ ① 一人の少女[s]が童話[s]を読んでいる。[lesen]

　　　<　　　　> Mädchen ＿＿＿＿＿＿ <　　　　>
　　　Märchen.

①

「不規則」って、いったい何がだったっけ。何か文字が変わるんだったよな。

□□□ ② ある魔女[e]が鏡を見る。[sehen]

　　　<　　　　> Hexe ＿＿＿＿＿＿ in den Spiegel.

□□□ ③ その魔女[e]が姫[e]にりんご[r]を与える。[geben]

　　　<　　　　> Hexe ＿＿＿＿＿＿ einer Prinzessin
　　　<　　　　> Apfel.

□□□ ④ その姫[e]がそのりんご[r]を食べる。[essen]

　　　<　　　　> Prinzessin ＿＿＿＿＿＿ <　　　　>
　　　Apfel.

④

なんとなく語幹の「e」が怪しい。

□□□ ⑤ 彼女は今、深く眠っている。[schlafen]

　　　Sie ＿＿＿＿＿＿ jetzt tief.

⑤

あっ、語幹の母音が「a」になったけど…

□□□ ❻ 一人の小人[r]がそのお姫様[e]を助ける。[helfen]

　　　<　　　　> Zwerg ＿＿＿＿＿＿ der Prinzessin.

□□□ ❼ 一匹のネズミ[e]が果物[s]を喰らう。[fressen]

　　　<　　　　> Ratte ＿＿＿＿＿＿ Obst.

□□□ ❽ そのネズミ[e]をある男[r]が捕まえる。[fangen]

　　　<　　　　> Ratte ＿＿＿＿＿＿ <　　　　> Mann.

□□□ ❾ それから彼はハーメルンに行く。[fahren]

　　　Dann ＿＿＿＿＿＿ er nach Hameln.

□□□ ❿ ある老人[r]が一個のパン[s]を盗む。[stehlen]

　　　<　　　　> Alter ＿＿＿＿＿＿ <　　　　> Brot.

□□□ ⑪ ある神父[*r*]がその老人[*r*]に助言する。[raten]

< 　　 > Pater ＿＿＿＿＿ dem Alten.

⑪

この動詞は特に気をつけないと駄目だったような…

□□□ ⑫ その老人[*r*]はある娘[*s*]と出会う。[treffen]

< 　　 > Alte ＿＿＿＿ < 　　 > Fräulein.

□□□ ⑬ 彼は1834年に死ぬ。[sterben]

Er ＿＿＿＿＿＿ 1834.

□□□ ⑭ 一匹のサル[*r*]が一本の枝[*r*]を折る。[brechen]

< 　　 > Affe ＿＿＿＿＿ < 　　 > Zweig.

□□□ ⑮ 柿[*e*]がひとつ地面[*e*]に落ちる。[fallen]

< 　　 > Kakipflaume ＿＿＿＿ auf die Erde.

⑮

ここまで、語幹の母音は「a」か「e」だけだな。

□□□ ⓰ 一匹のカニ[*e*]があちこち走る。[laufen]

< 　　 > Krabbe ＿＿＿＿＿ hin und her.

⓰

あっ、語幹に複母音「au」が！ でも、要するに「a」と同じかな。

□□□ ⓱ 継母[*e*]がほうき[*r*]を投げる。[werfen]

< 　　 > Stiefmutter ＿＿＿＿ < 　　 > Besen.

□□□ ⓲ ある女性[*e*]がそのほうき[*r*]を手に取る。[nehmen]

< 　　 > Frau ＿＿＿＿＿ < 　　 > Besen.

⓲

この動詞は要注意だったな。

□□□ ⓳ 一台の馬車[*e*]が森[*r*]で止まる。[halten]

< 　　 > Kutsche ＿＿＿＿ im Wald.

⓳

確かこの動詞もひと癖あったような…

□□□ ⓴ その女性[*e*]がその馬車[*e*]に歩み寄る。 [treten]

< 　　 > Frau ＿＿＿＿ an die Kutsche.

□□□ ㉑ 彼女はガラスの靴[r]を履いている。[tragen]

Sie ______ Glasschuhe.

□□□ ㉒ 王子[r]がお城[s]で彼女と話す。[sprechen]

<　　　> Prinz ______ mit ihr im Schloss.

□□□ ㉓ お婆さん[e]が川[r]で洗濯をする。[waschen]

<　　　> Alte ______ am Fluss.

□□□ ㉔ 彼女はひとつの大きな桃[r]をかご[r]に積み込む。[laden]

Sie ______ <　　　> großen Pfirsich in den Korb.

□□□ ㉕ 太郎はすくすくと育つ。[wachsen]

Taro ______ sehr wohl.

Tippchen!

現在人称変化における**不規則変化**とは、動詞の**語幹**に「**a**」と「**e**」がある場合、かつ**主語**が**2人称単数**か**3人称単数**である場合に起こります（今回の練習では3人称単数しか扱っていませんので、すべての動詞を2人称単数でも解いてみてください）。具体的な変化には、「**a → ä**」「**e → i**」「**e → ie**」の3パターンがあり、後者二つの区別は、それぞれの動詞を実際に発音してみるとわかるはずです（絶対のルールではありませんが）。また、**gelten**、**halten**、**laden**、**nehmen**、**treten**、**werden** のような注意を要する動詞もありますし、**wissen** や **stoßen** といった完全に例外的な不規則変化動詞も存在します。

Lösung

1. Ein Mädchen liest ein Märchen.

2. Eine Hexe sieht in den Spiegel.

3. Die Hexe gibt einer Prinzessin einen Apfel.

4. Die Prinzessin isst den Apfel.

5. Sie schläft jetzt tief.

6. Ein Zwerg hilft der Prinzessin.

7. Eine Ratte frisst Obst.

8. Die Ratte fängt ein Mann.

9. Dann fährt er nach Hameln.

10. Ein Alter stiehlt ein Brot.

11. Ein Pater rät dem Alten.

12. Der Alte trifft ein Fräulein.

13. Er stirbt 1834.

14. Ein Affe bricht einen Zweig.

15. Eine Kakipflaume fällt auf die Erde.

16. Eine Krabbe läuft hin und her.

17. Die Stiefmutter wirft einen Besen.

18. Eine Frau nimmt den Besen.

19. Eine Kutsche hält im Wald.

20. Die Frau tritt an die Kutsche.

21. Sie trägt Glasschuhe.

22. Der Prinz spricht mit ihr im Schloss.

23. Eine Alte wäscht am Fluss.

24. Sie lädt einen großen Pfirsich in den Korb.

25. Taro wächst sehr wohl.

Lektion 5 名詞の性と格（定冠詞と不定冠詞 2・3格）

[　　] の不定形の動詞を参照して、下線部に動詞の定形を、<　　>に定冠詞か不定冠詞を入れ、日本語に合うドイツ語の文を完成させてみましょう。
※ [r] ＝男性、[e] ＝女性、[s] ＝中性

□□□ ① 私はある女性[e]に一本のバラ[e]を渡す。[geben]

　　　Ich ＿＿＿＿＿ <　　　> Frau <　　　　> Rose.

① \
日本語で「に」と「を」だから…

□□□ ② 彼女はその生徒[r]に一冊の本[s]をあげる。[geben]

　　　Sie ＿＿＿＿＿ <　　　> Schüler <　　　>
　　　Buch.

□□□ ③ その生徒[r]の先生[r]がその本[s]を読む。[lesen]

　　　<　　　> Lehrer <　　　　> Schülers ＿＿＿＿＿
　　　<　　　> Buch.

③ \
「その生徒の先生」ってことは、「の」に注目だな。

□□□ ④ 僕たちはある一人の女の子[s]に香水[s]をプレゼントします。[schenken]

　　　Wir ＿＿＿＿＿ <　　　> Mädchen <　　　>
　　　Parfüm.

□□□ ⑤ その女性[e]の息子[r]は警官[r]だ。[sein]

　　　<　　　> Sohn <　　　> Frau ＿＿＿＿＿
　　　Polizist.

□□□ ❻ その娘[e]の子供[s]はよくお婆ちゃん[e]を手伝う。
　　　[helfen]

　　　<　　　> Kind <　　　> Tochter ＿＿＿＿＿
　　　oft <　　　> Großmutter.

❻ \
日本語では「を」だけど、そんな単純でいいのかなあ。

□□□ ❼ ペトラは町[e]で偶然一人の友達[r]に会う。
　　　[begegnen]

　　　Petra ＿＿＿＿＿ <　　　> Freund in der
　　　Stadt.

□□□ ❽ それはその子供[s]のおもちゃ[s]だ。[sein]

　　　Das ist <　　　> Spielzeug <　　　> Kindes.

□□□ ❾ 君たちはその生徒[r]によく手紙を書くの？ [schreiben]

　　　＿＿＿＿＿ ihr <　　　> Schüler oft?

□□□ ❿ ある女性[e]の婚約者[r]が手紙を書いている。[schreiben]

　　　<　　　> Verlobte <　　　> Frau ＿＿＿＿＿
　　　<　　　> Brief.

□□□ ⑪ ある男[r]がその女性[e]からバッグ[e]を盗む。
    [stehlen]
    <   > Mann _____ <   > Frau
    <   > Tasche.

⑪

「その女性から」？　も
う「が」「の」「に」「を」
のどれでもないや。

□□□ ⑫ ある女の子がそのおもちゃを気に入っている。[gefallen]
    <   > Spielzeug _____ <   >
    Mädchen.

⑫

「おもちゃ」が主語なん
だな。

□□□ ⑬ その女の子[s]はある生徒[r]に一個のおもちゃ[s]を
    貸す。[leihen]
    <   > Mädchen _____ <   >
    Schüler <   > Spielzeug.

□□□ ⑭ お前はその犯人[r]の顔[s]を知っているのかい？[kennen]
    _____ du <   > Gesicht <   >
    Täters?

□□□ ⑮ 今やそのバッグ[e]はその男[r]のものだ。[gehören]
    Nun _____ <   > Tasche <   >
    Mann.

⑮

「その男の」だから
「の」ってことなのかな。
なんか違うような…

□□□ ⑯ その警官[r]は犯人[r]の後を追う。[folgen]
    <   > Polizist _____ <   >
    Verbrecher.

□□□ ⑰ その男[r]の妻[e]が裁判官[r]に真実を告げる。[sagen]
    <   > Frau <   > Mannes _____
    <   > Richter <   > Wahrheit.

□□□ ⑱ 彼はその女性[e]を信用する。[trauen]
    Er _____ <   > Frau.

□□□ ⑲ 彼女たちはその警官[r]に感謝している。[danken]
    Sie _____ <   > Polizisten.

□□□ ⑳ そのお婆ちゃん[e]の孫[r]はその裁判官[r]に従う。
    [gehorchen]
    <   > Enkel <   > Großmutter
    _____ <   > Richter.

24

□□□ ㉑ その警官[r]と裁判官[r]は国[r]に仕えている。[dienen]

<   > Polizist und <   > Richter

_____ <   > Staat.

□□□ ㉒ その少女[s]には何が欠けているの？ [fehlen]

Was _____ <   > Mädchen?

□□□ ㉓ その歌手[r]の母親[e]の職業[r]は？ [sein]

Was _____ <   > Mutter

<   > Sängers von Beruf?

㉓

確か「von Beruf sein」って言い方があったよな。

□□□ ㉔ その教師[e]は一人の学生[r]に答える。[antworten]

<   > Lehrerin _____ <   >
Studenten.

□□□ ㉕ 彼はその英雄[r]の子供[s]と握手する。[geben]

Er _____ <   > Kind <   >
Helden die Hand.

Tippchen!

　ドイツ語の名詞の**格**には**1格**、**2格**、**3格**、**4格**があり、使用された動詞の**格支配**によって何格になるかが決まります。たとえば、日本語では「〜を助ける」ですがドイツ語のhelfenは**3格**を必要とします。gefallenやgehören、fehlenといった動詞も、**「物事」が1格主語**で、**「人」が3格**になる点で注意が必要です。また、ドイツ語の**2格**の用法は、日本語の格助詞「の」に相当しますが、日本語が、名詞を左から修飾（その女性の息子）するのに対し、ドイツ語の2格は名詞の右に置かれます（der Sohn der Frau）。さらに**男性名詞**と**中性名詞**では、2格名詞の語尾に「-(e)s」が付くので気をつけましょう。

Lösung

1. Ich gebe einer Frau eine Rose.

2. Sie gibt dem Schüler ein Buch.

3. Der Lehrer des Schülers liest das Buch.

4. Wir schenken einem Mädchen ein Parfüm.

5. Der Sohn der Frau ist Polizist.

6. Das Kind der Tochter hilft oft der Großmutter.

7. Petra begegnet einem Freund in der Stadt.

8. Das ist ein Spielzeug des Kindes.

9. Schreibt ihr dem Schüler oft?

10. Der Verlobte einer Frau schreibt einen Brief.

11. Ein Mann stiehlt der Frau eine Tasche.

12. Das Spielzeug gefällt einem Mädchen.

13. Das Mädchen leiht einem Schüler ein Spielzeug.

14. Kennst du das Gesicht des Täters?

15. Nun gehört die Tasche dem Mann.

16. Der Polizist folgt dem Verbrecher.

17. Die Frau des Mannes sagt dem Richter die Wahrheit.

18. Er traut der Frau.

19. Sie danken dem Polizisten.

20. Der Enkel der Großmutter gehorcht dem Richter.

21. Der Polizist und der Richter dienen dem Staat.

22. Was fehlt dem Mädchen?

23. Was ist die Mutter des Sängers von Beruf?

24. Die Lehrerin antwortet einem Studenten.

25. Er gibt dem Kind des Helden die Hand.

（　　）に［　　　］の名詞の複数形を、必要であれば＜　　　＞に数詞あるい
は定冠詞を入れ、日本語に合うドイツ語の文を完成させてみましょう。
※［ r ］＝男性、［ e ］＝女性、［ s ］＝中性、［ pl ］＝複数

□□□ ① お子さんはおられますか。［ s. Kind ］

Haben Sie ＜　　　＞（　　　　　　）?

① こういう質問は「複数形」で尋ねるんだな。

□□□ ② はい、男の子が二人います。［ r. Junge ］

Ja, ich habe ＜　　　＞（　　　　　　）.

□□□ ③ その少年たちはよく路上で遊んでいる。［ r. Junge ］

＜　　　＞（　　　　　　） spielen oft auf der
Straße.

□□□ ④ それらの車は高いですか。［ s. Auto ］

Sind ＜　　　＞（　　　　　　） teuer?

□□□ ⑤ 彼らは今日本を買う。［ s. Buch ］

Sie kaufen heute ＜　　　＞（　　　　　　）.

⑤ どの本かの特定はないから…

□□□ ❻ その少女たちは7冊の童話を読む。［ s. Mädchen, s. Märchen ］

＜　　　＞（　　　　　　） lesen ＜　　　　　＞
（　　　　　）.

□□□ ❼ 俺たちは3泊する。［ e. Nacht ］

Wir bleiben ＜　　　＞（　　　　　　）.

□□□ ❽ 彼は今20歳で、青い目をしている。［ s. Jahr, r. Auge ］

Er ist jetzt ＜　　　＞（　　　　　　） alt und
hat blaue （　　　　　）.

□□□ ❾ この辺りにはいくつかホテルがある。［ s. Hotel ］

In dieser Gegend liegen ＜　　　＞（　　　　　　）.

❾ とにかく一つじゃないってことだから…

□□□ ❿ その母親たちの息子は共に弁護士だ。［ e. Mutter, r. Sohn ］

＜　　　＞（　　　　　）＜　　　　＞（　　　　　　）
sind beide Rechtsanwalt.

27

□□□ ⑪ 多くの男女が休暇を楽しんでいる。[r. Mann, e. Frau]
Viele (　　　　　) und (　　　　　) genießen
den Urlaub.

□□□ ⑫ 両親は今休暇中だ。[pl. Eltern, pl. Ferien]
<　　　> (　　　　　) haben jetzt <　　　　>
(　　　　).

□□□ ⑬ 叔父なら二人います。[r. Onkel]
<　　　> (　　　　　) habe ich zwei.

⑬
数詞と名詞を離すこと
もできるんだな。

□□□ ⑭ サンタクロースは子供たちにおもちゃをプレゼントする。[s. Kind]
Der Weihnachtsmann schenkt <　　　　>
(　　　　) ein Spielzeug.

□□□ ⑮ 地下室に100本のワインがある。[e. Flasche]
Im Keller gibt es <　　　> (　　　　) Wein.

□□□ ⑯ ボールペンを4本ちょうだい。[r. Kugelschreiber]
Gib mir bitte <　　　> (　　　　　　　)!

□□□ ⑰ うん？　ボールペン4本？ [r. Kuli]
Bitte? <　　　　> (　　　　　)?

⑰
「Kugelschreiber」の
場合とは違うってこと
だな。

□□□ ⑱ （お店で）その靴にします。[r. Schuh]
Ich nehme <　　　　> (　　　　　).

□□□ ⑲ 机の上に10枚の写真と5枚のDVDが置かれている。
[s. Foto, e. DVD]
Auf dem Tisch liegen <　　　> (　　　　　)
und <　　　> (　　　　).

□□□ ⑳ 人々が歌っている。[pl. Leute]
<　　　> (　　　　　) singen.

⑳
「人々」は、常に複数
だな。

□□□ ㉑ 木々と家々が一列に立ち並んでいる。[*r.* Baum, *s.* Haus]

< 　　　 > (　　　) und < 　　　 > (　　　)

stehen in einer Reihe.

> ㉑
>
> これも特定じゃないな。いわゆる「裸複数」ってやつか。

□□□ ㉒ その木々は6月に花をつける。[*r.* Baum]

< 　　　 > (　　　　) blühen im Juni.

□□□ ㉓ その家々の庭には二羽鶏がいる。[*s.* Haus, *s.* Huhn]

Im Garten < 　　　 > (　　　) sind

< 　　　 > (　　　).

□□□ ㉔ このデパートには家具がある。[*s.* Möbel]

In diesem Kaufhaus gibt es (　　　　).

> ㉔
>
> 「家具」って数えられたっけ？　一つの家具、二つの家具？

□□□ ㉕ その動物たちを人々はとても気に入っている。

[*pl.* Leute, *s.* Tier]

< 　　　 > (　　　) gefallen < 　　　 >

(　　　) sehr gern.

Tippchen!

　名詞の**複数形**には、大きく**五つのタイプ**があります。①単数と複数の形が同じ**無語尾型**。その際、アクセントのある母音が a, o, u, au の場合は**ほとんどが変音**します。②語尾に -e を伴う **-e 型**。この型でも**少なからず変音**します。③語尾に -er を伴う **-er 型**。a, o, u, au があれば**必ず変音**します。④語尾に -n や -en を伴う **-(e)n 型**。この型では**変音しません**。⑤語尾に -s を伴う **-s 型**。主に**外来語**がこのタイプです。**変音しません**。この他にも、ギリシア・ラテン系の外来語には、das Thema → die Themen, der Index → die Indizes のように特殊な変化をするものもあります。いずれにせよ、結局のところ複数形は、**単複**を何度も唱えて**暗記**するのが一番のコツです。慣れてくると、きっと違う形が気持ち悪く感じることでしょう。

Lösung

1. Haben Sie Kinder?

2. Ja, ich habe zwei Jungen.

3. Die Jungen spielen oft auf der Straße.

4. Sind die Autos teuer?

5. Sie kaufen heute Bücher.

6. Die Mädchen lesen sieben Märchen.

7. Wir bleiben drei Nächte.

8. Er ist jetzt zwanzig Jahre alt und hat blaue Augen.

9. In dieser Gegend liegen Hotels.

10. Die Söhne der Mütter sind beide Rechtsanwalt.

11. Viele Männer und Frauen genießen den Urlaub.

12. Die Eltern haben jetzt Ferien.

13. Onkel habe ich zwei.

14. Der Weihnachtsmann schenkt Kindern ein Spielzeug.

15. Im Keller gibt es hundert Flaschen Wein.

16. Gib mir bitte vier Kugelschreiber!

17. Bitte? Vier Kulis?

18. Ich nehme die Schuhe.

19. Auf dem Tisch liegen zehn Fotos und fünf DVDs.

20. Leute singen.

21. Bäume und Häuser stehen in einer Reihe.

22. Die Bäume blühen im Juni.

23. Im Garten der Häuser sind zwei Hühner.

24. In diesem Kaufhaus gibt es Möbel.

25. Die Tiere gefallen Leuten sehr gern.

Lektion 7 否定（否定冠詞・否定詞 nicht）

複数箇所の＜　　　＞のうち、いずれかに否定冠詞keinか否定詞nichtを入れ、
日本語に合うドイツ語の文を完成させてみましょう。
※ [r] ＝男性、[e] ＝女性、[s] ＝中性、[pl] ＝複数

☐☐☐ ① 彼は疲れていない。

　　　　Er ist ＜　　　　　　＞ müde ＜　　　　　　＞.

☐☐☐ ② それは机[r]じゃない。

　　　　Das ist ＜　　　　　＞ Tisch ＜　　　　　　＞.

②

「机じゃない」ってこ
とは、[Tisch] の否定っ
てことだな。

☐☐☐ ③ 私はその本[s]を読みません。

　　　　Ich lese ＜　　　　　　＞ das Buch ＜　　　　　　＞.

③

これは「本」の否定？

☐☐☐ ④ スパゲッティ[pl]、食べないの？

　　　　Isst du ＜　　　　　　＞ Spagetti ＜　　　　　　＞?

☐☐☐ ⑤ わかりません。

　　　　Ich weiß ＜　　　　　＞ es ＜　　　　　＞.

☐☐☐ ❻ 彼女はその男[r]を愛していない。

　　　　Sie liebt ＜　　　　　　＞ den Mann ＜　　　　　　＞.

☐☐☐ ❼ 俺にはもう時間[e]がない。

　　　　Ich habe ＜　　　　　＞ Zeit ＜　　　　　　＞ mehr.

❼

「時間」って抽象的で、
数えられない名詞のよ
うな気がするな。

☐☐☐ ❽ 俺には金[s]もない。

　　　　Ich habe auch ＜　　　　　＞ Geld ＜　　　　＞.

☐☐☐ ❾ だから俺には夢[r]がない。

　　　　Also habe ich ＜　　　　＞ Traum ＜　　　　＞.

☐☐☐ ❿ 彼は今日ガールフレンドにその指輪をプレゼントしない。

　　　　Er schenkt ＜　　　　　　＞ heute ＜　　　　　＞ der
　　　　Freundin ＜　　　　＞ den Ring ＜　　　　＞.

❿

いったい何を、どの単
語を否定してるんだろ
う。

□□□ [11] 彼は今日ガールフレンドには指輪をプレゼントしない。
Er schenkt < > heute < > der Freundin < > den Ring < >.

[11]
うん？ [10]と何が違う？

□□□ [12] 彼は今日ガールフレンドに指輪はプレゼントしない。
Er schenkt < > heute < > der Freundin < > den Ring < >.

[12]
うん?? [10]と[11]と見比べてみよう。

□□□ [13] その少女[*s*]は小説[*r*]を読まない。
Das Mädchen liest < > Roman < >.

□□□ [14] その少女[*s*]は小説[*r*]を読むのがあまり好きじゃない。
Das Mädchen liest < > so gern < > Romane < >.

□□□ [15] ヴィンター夫妻には子供[*pl*]がいない。
Frau und Herr Winter haben < > Kinder < >.

□□□ [16] 彼女はその男[*r*]を必要としない。
Sie braucht < > den Mann < >.

□□□ [17] 彼女にその男[*r*]は必要でない。
Sie braucht < > den Mann < >.

□□□ [18] 彼女はもう男[*r*]が必要でない。
Sie braucht < > Mann < > mehr < >.

[18]
うん？ [16]、[17]と何が違う？

□□□ [19] その童話[*s*]を読む少女[*s*]は一人もいない。
< > Mädchen liest < > das Märchen < >.

□□□ [20] 童話[*s*]をその少女[*s*]は読まない。
< > Märchen liest < > das Mädchen < >.

□□□ ㉑ 彼はドイツ人[r]じゃない。

Er ist <　　　　　> Deutscher <　　　　　>.

□□□ ㉒ 彼には勇気[r]がない。

Er hat <　　　　　> Mut <　　　　　>.

□□□ ㉓ その先生たち[pl]は多くの生徒[pl]が好きじゃない。

<　　　　　> die Lehrer gefallen <　　　　　>
vielen Schülern.

㉓
「その先生たち」が際
立っているぞ。「それ
以外の先生たち」は好
きってことか。

□□□ ㉔ 少女たち[pl]はその小説[r]は読まない。

Mädchen lesen <　　　　　> den Roman
<　　　　>.

□□□ ㉕ 私には皆目見当[e]もつきません。

Ich habe gar <　　　　　> Ahnung <　　　　　>.

Tippchen!

　ドイツ語の**否定**には、**nicht** と **kein** による二種類の方法があります。定冠詞な
どを伴って**特定化された名詞**や、**動詞を否定**するのが nicht、**不定冠詞のついた名
詞**や、**冠詞のない物質名詞**（Geld など）、**抽象名詞**（Zeit、Mut など）、いわゆる
裸複数の名詞を否定するのが kein です。二つの最大の違いは、kein が動詞の否定
には使用されないことにあります。また、nicht は、使用する位置に注意する必要
があります。基本的に、nicht を文の最後に置くと**文全体を否定**（全文否定）し、
否定する要素の直前に置くと、**そのことばのみを否定**（部分否定）することになり
ます。日本語の「を」と「は」の違いでもおよそ判別できます。

　　例：その本**を**読まない（**全文否定**）。

　　　　その本**は**読まない（**部分否定**）。

Lösung

① Er ist nicht müde.

② Das ist kein Tisch.

③ Ich lese das Buch nicht.

④ Isst du keine Spagetti?

⑤ Ich weiß es nicht.

❻ Sie liebt den Mann nicht.

❼ Ich habe keine Zeit mehr.

❽ Ich habe auch kein Geld.

❾ Also habe ich keinen Traum.

❿ Er schenkt heute der Freundin den Ring nicht.

⑪ Er schenkt heute nicht der Freundin den Ring.

⑫ Er schenkt heute der Freundin nicht den Ring.

⑬ Das Mädchen liest keinen Roman.

⑭ Das Mädchen liest nicht so gern Romane.

⑮ Frau und Herr Winter haben keine Kinder.

⓰ Sie braucht den Mann nicht.

⓱ Sie braucht nicht den Mann.

⓲ Sie braucht keinen Mann mehr.

⓳ Kein Mädchen liest das Märchen.

⓴ Keine Märchen liest das Mädchen.

㉑ Er ist kein Deutscher / Er ist nicht Deutscher.

㉒ Er hat keinen Mut.

㉓ Nicht die Lehrer gefallen vielen Schülern.

㉔ Mädchen lesen nicht den Roman.

㉕ Ich habe gar keine Ahnung.

Lektion 8　所有冠詞（1・2・3・4格）

[　　] の不定形の動詞を参照して、下線部に動詞の定形を、<　　> に所有
冠詞を入れ、日本語に合うドイツ語の文を完成させてみましょう。
※[r] ＝男性、[e] ＝女性、[s] ＝中性、[pl] ＝複数

□□□ ① 彼の子供[s]は彼の宝[r]だ。[sein]

<　　　　> Kind ＿＿＿＿＿ <　　　　　> Schatz.

> ①
>
> 所有冠詞って、何か変
> 化するんだったっけ。

□□□ ② お前の母ちゃん[e]、今何してんの？ [machen]

Was ＿＿＿＿＿ <　　　　> Mutter jetzt?

□□□ ③ あなたのお父様[r]は何をされている方ですか。[sein]

Was ＿＿＿＿＿ <　　　　　> Vater von Beruf?

> ③
>
> この「あなた」は、きっ
> と目上の人かあまり親
> しくない相手だな。

□□□ ④ 君の猫[e]はなんていうの？ [heißen]

Wie ＿＿＿＿＿ <　　　　　> Katze?

□□□ ⑤ 私たちのお父さん[r]が君たちの家[s]を建てています。
[bauen]

<　　　　> Vater ＿＿＿＿＿ <　　　　　> Haus.

□□□ ❻ 私の妹[e]は彼女の夫[r]に一台の車[s]を贈る。[schenken]

<　　　　> Schwester ＿＿＿＿＿ <　　　　>
Mann ein Auto.

□□□ ❼ 彼の奥さん[e]の車[s]はフォルクスワーゲン[r]だ。
[sein]

Das Auto <　　　　> Frau ＿＿＿＿＿ ein VW.

> ❼
>
> 「奥さんの」だから…

□□□ ❽ 彼の奥さん[e]はフォルクスワーゲン[r]に乗っている。
[fahren]

<　　　　> Frau ＿＿＿＿＿ einen VW.

□□□ ❾ そのフォルクスワーゲン[r]は彼の奥さん[e]のだ。
[gehören]

Der VW ＿＿＿＿＿ <　　　　> Frau.

> ❾
>
> うん？ また「奥さん
> の」だけど…

□□□ ❿ 私の夫[r]が君たちの娘[e]を探しています。[suchen]

<　　　　> Mann ＿＿＿＿＿ <　　　　> Tochter.

□□□ 11 その料理［*s*］は俺たちのシェフ［*r*］の口に合わない。
［schmecken］
Das Essen ________ <　　　　> Chef nicht.

□□□ 12 僕たちの先生［*e*］が彼女の娘たち［*pl*］の友達［*r*］を助ける。［helfen］
<　　　　> Lehrerin ________ dem Freund <　　　　> Töchter.

□□□ 13 あんたらの仲間［*r*］が彼らの金［*s*］を奪う。［rauben］
<　　　　> Kamerad ________ <　　　　> Geld.

□□□ 14 あんたらは自分らの親分［*r*］に彼らの金［*s*］をやる。
［geben］
Ihr ________ <　　　　> Boss <　　　　> Geld.

□□□ 15 あたしらのやり方［*e*］はお前らのボス［*r*］のお気に召さないのかい？［gefallen］
________ <　　　　> Methode <　　　　> Boss nicht?

12
「娘たち」って複数だから…

14
「自分らの」って、ここでは誰を指すんだろう。

□□□ 16 アンナは明日両親［*pl*］のもとを離れる。［verlassen］
Anna ________ morgen <　　　　> Eltern.

16
アンナの両親ってことだな。

□□□ 17 彼女たちの家具［*pl*］はいくら？［kosten］
Was ________ <　　　　> Möbel?

□□□ 18 君の息子［*r*］が私の父［*r*］の叔母［*e*］に何を尋ねるの？［fragen］
Was ________ <　　　　> Sohn die Tante <　　　　> Vaters?

□□□ 19 それらはあなたのご両親［*pl*］のお写真［*s*］ですか。［sein］
________ das Fotos <　　　　> Eltern?

□□□ 20 彼女の叔母［*e*］の息子［*r*］は彼女の先生［*r*］の教え子［*r*］でない。［sein］
Der Sohn <　　　　> Tante ________ kein Student <　　　　> Lehrers.

□□□ ㉑　いつ彼らの先生 [r] は彼の恋人 [e] と結婚するのです
　　　　か？ [heiraten]
　　　　Wann ＿＿＿＿＿＿＿ <　　　　　　　> Lehrer
　　　　<　　　　　　　> Freundin?

□□□ ㉒　父親たち [pl] は毎年子供たち [pl] にプレゼント [s]
　　　　を買う。[kaufen]
　　　　Väter ＿＿＿＿＿＿＿ jedes Jahr <　　　　>
　　　　Kindern ein Geschenk.

□□□ ㉓　彼女の母方 [e] の祖父 [r] は貴方の奥方 [e] をご存じ
　　　　ない。[kennen]
　　　　Der Großvater <　　　　　　> Mutter
　　　　＿＿＿＿＿＿＿ <　　　　　　> Frau nicht.

㉓

なんか複雑そうだけど、
「誰が誰を」かが分か
れば大丈夫。

□□□ ㉔　おぬしの子 [s] がわしらの里 [s] に参る。[besuchen]
　　　　<　　　　　> Kind ＿＿＿＿＿＿＿ <　　　　　　>
　　　　Dorf.

□□□ ㉕　わらわの姉君 [e] がそなたの兄上 [r] にかたじけなく
　　　　申しておる。[danken]
　　　　<　　　　　　> Schwester ＿＿＿＿＿ <　　　　>
　　　　Bruder.

Tippchen!

　所有冠詞（所有代名詞）**mein、dein、sein、ihr、unser、euer、Ihr、ihr** は、否定
冠詞 kein と並ぶ**不定冠詞類**の一つで、格変化は不定冠詞の ein と同じようになりま
す。ときどき、英語の I、my、me にちなんで、ich、mein、mir、mich と覚えてしま
う人がいますが、ich（私は／が）、mir（私に）、mich（私を）は人称代名詞でそれ
以上変化しないのに対し、mein は所有冠詞であって、たとえば男性名詞なら、**mein**
Vater（1格＝私の父**は／が**）、**meines** Vaters（2格＝私の父**の**）、**meinem**
Vater（3格＝私の父**に**）、**meinen** Vater（4格＝私の父**を**）と変化することに注
意が必要です。また、**unser** と **euer** では、男性1格と中性1格・4格以外では、
母音の e が脱落する場合があります（例：Sie ist unsre (=unsere) Mutter.）。

Lösung

1 Sein Kind ist sein Schatz.

2 Was macht deine Mutter jetzt?

3 Was ist Ihr Vater von Beruf?

4 Wie heißt deine Katze?

5 Unser Vater baut euer Haus.

6 Meine Schwester schenkt ihrem Mann ein Auto.

7 Das Auto seiner Frau ist ein VW.

8 Seine Frau fährt einen VW.

9 Der VW gehört seiner Frau.

10 Mein Mann sucht eu(e)re Tochter.

11 Das Essen schmeckt uns(e)rem Chef nicht

12 Uns(e)re Lehrerin hilft dem Freund ihrer Töchter.

13 Euer Kamerad raubt ihr Geld.

14 Ihr gebt eu(e)rem Boss ihr Geld.

15 Gefällt uns(e)re Methode eu(e)rem Boss nicht?

16 Anna verlässt morgen ihre Eltern.

17 Was kosten ihre Möbel?

18 Was fragt dein Sohn die Tante meines Vaters?

19 Sind das Fotos Ihrer Eltern?

20 Der Sohn ihrer Tante ist kein Student ihres Lehrers.

21 Wann heiratet ihr Lehrer seine Freundin?

22 Väter kaufen jedes Jahr ihren Kindern ein Geschenk.

23 Der Großvater ihrer Mutter kennt Ihre Frau nicht.

24 Dein Kind besucht unser Dorf.

25 Meine Schwester dankt deinem Bruder.

Lektion 9　定冠詞類（1・2・3・4格）

[　　] の不定形の動詞を参照して、下線部に動詞の定形を、<　　> に定冠詞類を入れ、日本語に合うドイツ語の文を完成させてみましょう。
※ [r] ＝男性、[e] ＝女性、[s] ＝中性、[pl] ＝複数

□□□ ① このワンピース[s]はいくらですか。[kosten]

Was ＿＿＿＿＿ <　　　> Kleid?

①

定冠詞類ってどれのことだろう。「冠詞」ってことだから、名詞に付いてるんだろうけど。

□□□ ② 今日はこの男性[r]がパーティー[e]に来ます。
[kommen]

Heute ＿＿＿＿＿ <　　　> Mann zur Party.

②

定冠詞の変化を思い出せばいいんだな。

□□□ ③ あなたはこの時計[e]を買いますか。[kaufen]

＿＿＿＿＿ Sie <　　> Uhr?

□□□ ④ あらゆる人間[r]が地球[e]を愛している。[lieben]

<　　　> Mensch ＿＿＿＿＿ die Erde.

□□□ ⑤ あらゆる人間[r]が地球[e]を愛している。[lieben]

<　　> Menschen ＿＿＿＿＿ die Erde.

⑤

④と何が違うんだろう。

□□□ ❻ そのような時計[e]は大抵高い。[sein]

<　　> Uhren ＿＿＿＿ meistens kostbar.

□□□ ❼ 幾人かの人々[pl]がここで暮らしています。[leben]

<　　　> Leute ＿＿＿＿＿ hier.

□□□ ❽ 彼は長編小説『あの夜の真実』を読んでいる。[lesen]

Er ＿＿＿＿＿ den Roman „Die Wahrheit
<　　　> Nacht".

□□□ ❾ この本[s]のタイトル[r]は面白い。[sein]

Der Titel <　　> Buches ＿＿＿＿＿
interessant.

❾

「この本の」ってことは何格だっけ？

□□□ ❿ このコンピュータ[r]を使うの？[benutzen]

＿＿＿＿＿ du <　　　> Computer?

□□□ ⑪ 全教師[r]が全生徒[r]を褒める。[loben]
< > Lehrer ＿＿＿＿＿ < > Schüler.

□□□ ⑫ 教師[r]たちのそうした振る舞い[s]をどの生徒[r]の母親[e]も目撃する。[beobachten]
< > Verhalten der Lehrer ＿＿＿＿＿ die Mutter < > Schülers.

⑫
「そうした」ってのは「そのような」ってことで、「どの」は「いずれの」って意味だな。

□□□ ⑬ 毎晩[r]、毎夜[e]、君を想う。[denken]
An dich ＿＿＿＿＿ ich < > Abend und < > Nacht.

□□□ ⑭ 私はこれらのおもちゃ[s]は買わない。[kaufen]
Ich ＿＿＿＿＿ nicht < > Spielzeuge.

⑭
「これらの」は「この」の複数だから…

□□□ ⑮ サンタクロース[r]はどの子供[s]にもプレゼント[s]を贈る。[schenken]
Der Weihnachtsmann ＿＿＿＿＿ < > Kind ein Geschenk.

□□□ **16** そのようなやり方[s]にはいくつか利点[r]もある。[haben]
< > Verfahren ＿＿＿＿＿ auch < > Vorteile.

□□□ **17** 彼女はこの男[r]の言うことを信じない。[glauben]
Sie ＿＿＿＿＿ < > Mann nicht.

□□□ **18** どの女性[e]が君のガールフレンド[e]？ [sein]
< > Frau ＿＿＿＿＿ deine Freundin?

18
前にも「どの」ってあったけど何が違う？

□□□ **19** どの車[s]があなたのですか？ [gehören]
< > Auto ＿＿＿＿＿ Ihnen?

□□□ **20** (お店で)どの椅子[r]にするの？ [nehmen]
< > Stuhl ＿＿＿＿＿ du?

□□□ ㉑　どの椅子［ *r* ］も格好いい。［ finden ］

　　　< 　　　　　　 > Stuhl ＿＿＿＿＿＿ ich cool.

□□□ ㉒　あのような出来事［ *r* ］は二度と起こらない。［ passieren ］

　　　< 　　　　　　 > Vorfälle ＿＿＿＿＿＿ nie mehr.

㉒
「あの」って言っているけど、「ような」っても言ってるしなあ。

□□□ ㉓　毎年［ *s* ］多くの雪が降る。［ schneien ］

　　　< 　　　　　　 > Jahr ＿＿＿＿＿＿ schneit es viel.

□□□ ㉔　これらは何？［ sein ］

　　　Was ＿＿＿＿＿＿ < 　　　　　 >?

㉔
「これらの何々」じゃなくて、「これら」って名詞みたいに使うこともあるんだな。

□□□ ㉕　全ての人々［ *pl* ］が泣いている。［ weinen ］

　　　< 　　　　　 > ＿＿＿＿＿＿ .

㉕
「人々」って単語が見当たらないけど…

Tippchen!

　定冠詞類には指示代名詞 dieser、jener、jeder、aller、solcher、mancher と疑問代名詞 welcher があり、特徴として、いずれも定冠詞の語尾とほぼ同じ変化を伴います（中性1格・4格のみ diesas ではなく dieses となることに注意）。ちなみに、上で示した形は、いずれも男性1格で代表させているので、決してそこからさらに語尾変化を起こすと勘違いしないように（例：女性3格で dieserer とはならない）。また、日本語で近くのものを「この」、遠くのものを「あの」で表しますが、英語の this と that のように dieser と jener が日本語と一対一の関係にはありません。たとえば、「あの女性」は die Frau da、「あの建物」は das Gebäude dort のように副詞 da, dort を伴って表されます。

Lösung

1. Was kostet dieses Kleid?

2. Heute kommt dieser Mann zur Party.

3. Kaufen Sie diese Uhr?

4. Jeder Mensch liebt die Erde.

5. Alle Menschen lieben die Erde.

6. Solche Uhren sind meistens kostbar.

7. Manche/Einige Leute leben hier.

8. Er liest den Roman „Die Wahrheit jener Nacht."

9. Der Titel dieses Buches ist interessant.

10. Benutzt du diesen Computer?

11. Alle Lehrer loben alle Schüler.

12. Solches Verhalten der Lehrer beobachtet die Mutter jedes Schülers.

13. An dich denke ich jeden Abend und jede Nacht.

14. Ich kaufe nicht diese Spielzeuge.

15. Der Weihnachtsmann schenkt jedem Kind ein Geschenk.

16. Solches Verfahren hat auch manche/einige Vorteile.

17. Sie glaubt diesem Mann nicht.

18. Welche Frau ist deine Freundin?

19. Welches Auto gehört Ihnen?

20. Welchen Stuhl nimmst du?

21. Jeden Stuhl finde ich cool.

22. Solche Vorfälle passieren nie mehr.

23. Jedes Jahr schneit es viel.

24. Was sind diese?

25. Alle weinen.

各文の [　　　] 内の名詞（句）をそれぞれ人称代名詞に置き換えて（　　　）に入れ、ドイツ語の文を完成させてみましょう。

□□□ ① [Diese Frau] kommt heute nicht.

　→ (　　　　　　) kommt heute nicht.

①

「この女性」をひと言で言い換えると「彼女」ってことだよな。

②

「机」は物だから「それ」ってことか。

□□□ ② [Der Tisch] ist billig.

　→ (　　　　　　) ist billig.

□□□ ③ Beathe hat [ein Auto].

　→ Beathe hat (　　　　　).

□□□ ④ Karin schenkt [ihrem Freund] ein Buch.

　→ Karin schenkt (　　　　　) ein Buch.

④

「彼女のボーイフレンドに」ってことだから、「彼女に」じゃなく「彼に」って言わないとな。

□□□ ⑤ Morgen kauft [Ihre Mutter] [die DVD].

　→ Morgen kauft (　　　　) (　　　　).

□□□ ❻ [Wilhelm] findet [den Stuhl] schön.

　→ (　　　　) findet (　　　　) schön.

□□□ ❼ (Im Kaufhaus) Wer nimmt [diese Socken]?

　→ Wer nimmt (　　　)?

❼

「くつした」は二つで一つだから、複数ってことだよな。

□□□ ❽ [Die Eltern] schenken [Natalie] die Uhr.

　→ (　　　　) schenken (　　　　) die Uhr.

□□□ ❾ [Mein Vater] sieht [den Film] oft.

　→ (　　　　) sieht (　　　　) oft.

□□□ ❿ [Unser Kind] singt [den Frauen] ein Lied.

　→ (　　　　) singt (　　　　) ein Lied.

❿

「子供」は人物だけど、確か文法的な性は中性だったよな。

43

□□□ ⑪ [Die Leute] lieben [seine Familie] nicht.

➡ (   ) lieben (   ) nicht.

□□□ ⑫ [Ihr Sohn] schreibt nur [Ihrer Tochter].

➡ (   ) schreibt nur (   ).

□□□ ⑬ [Deinem Onkel] gefällt [das Auto] sehr.

➡ (   ) gefällt (   ) sehr.

⑬

ええっと、何が主語だっけ？

□□□ ⑭ [Dieser Junge] hilft [dem Mädchen] gern.

➡ (   ) hilft (   ) gern.

□□□ ⑮ [Die Kulis] gehören [allen Studentinnen].

➡ (   ) gehören (   ).

□□□ ⓰ Schenkt ihr [ihrer Tochter] eine Uhr?

➡ Schenkt ihr (   ) eine Uhr?

□□□ ⓱ Kennen Sie [Frau Frühling]?

➡ Kennen Sie (   )?

□□□ ⓲ Kennt [Frau Frühling] Sie auch?

➡ Kennt (   ) Sie auch?

□□□ ⓳ Kennen sie [Adam und Eva] nicht?

➡ Kennen sie (   ) nicht?

□□□ ⓴ [Frauen] gefallen [die Sänger].

➡ (   ) gefallen (   ).

□□□ ㉑ [Mein Mann] schenkt mir [einen Ring].

　　➡ (　　　　　) schenkt (　　　　　) mir.

㉑

うん？　何か語順がお
かしいような…

□□□ ㉒ [Ihr Kind] schickt [meinem Kind] [die Karte].

　　➡ (　　　　) schickt (　　　　) (　　　　).

㉒

㉑をヒントにすると、
これも語順が変わるん
じゃないか。

□□□ ㉓ [Eure Tante] singt [den Kindern] [dieses Lied].

　　➡ (　　　　) singt (　　　　) (　　　　).

□□□ ㉔ [Manche Männer] kaufen [Frauen]
　　　 [solche Blumen].

　　➡ (　　　　) kaufen (　　　　) (　　　　).

□□□ ㉕ [Herr und Frau Kopf] geben [ihren Kindern]
　　　 [ihren Schatz].

　　➡ (　　　　) geben (　　　　) (　　　　).

㉕

㉑から㉕までに共通す
ることは何だろう。そ
れが語順のルールと関
係しているはずだな。

Tippchen!

　「**人称**」とは、会話の登場人物における役割のようなもので、**話し手が1人称**
ich、wir、聞き手が2人称 du、ihr、Sie、それ以外が3人称 er、sie、es、sie となり
ます。「**代名詞**」とは、その名のとおり**名詞（句）の代わり**を担うものです。従って、
「**人称代名詞**」とは、**名詞（句）の代わりに人称を使って表す詞（ことば）**という
ことになります。たとえば、「太郎」を「彼」と置き換えるということです。ただ
しドイツ語では、人称代名詞が**人物のみを表すのではなく、物や事柄に対しても、**
それぞれの文法的な性に従って使用されるので注意が必要です。そのうえで、性、数、
格に応じて語の形を変えます。たとえば、**1人称単数**の場合、**1格 ich、2格**
meiner（所有代名詞ではないので注意）、**3格 mir、4格 mich** となります。

Lösung

1 Sie kommt heute nicht. 彼女は今日来ない。

2 Er ist billig. それは安い。

3 Beathe hat es. ベアーテはそれを持っている。

4 Karin schenkt ihm ein Buch. カーリンは彼に一冊の本をプレゼントする。

5 Morgen kauft sie sie. 明日彼女はそれを買う。

6 Er findet ihn schön. 彼はそれを素敵だと思う。

7 (Im Kaufhaus) Wer nimmt sie? 誰がそれを買いますか。

8 Sie schenken ihr die Uhr. 彼らは彼女にその時計を贈る。

9 Er sieht ihn oft. 彼はそれをよく見る。

10 Es singt ihnen ein Lied. その子は彼女らに歌を歌う。

11 Sie lieben sie nicht. 彼らは彼らを愛していない。

12 Er schreibt nur ihr. 彼は彼女にしか手紙を書かない。

13 Ihm gefällt es sehr. 彼にはそれがとてもお気に入りだ。

14 Er hilft ihm gern. 彼は彼女に喜んで手を貸す。

15 Sie gehören ihnen. それらは彼女らのものだ。

16 Schenkt ihr ihr eine Uhr? 君たちは彼女に時計を贈るの？

17 Kennen Sie sie? あなたは彼女をご存じですか。

18 Kennt sie Sie auch? 彼女もあなたを知っているのですか？

19 Kennen sie sie nicht? 彼ら／彼女らは彼ら／彼女らを知らないの？

20 Ihnen gefallen sie. 彼女らに彼らは気に入られている。

21 Er schenkt ihn mir. 彼はそれを私に贈る。

22 Es schickt sie ihm. その子はそれをその子に送る。

23 Sie singt es ihnen. 彼女はそれをその子らに歌ってあげる。

24 Sie kaufen sie ihnen. 彼らはそれらを彼女らに買ってあげる。

25 Sie geben ihn ihnen. 彼らはそれを彼らに与える。

《　　》の指示に従い、下線部に［　　　］の不定形の動詞の命令形と、必要であれば主語を入れて、日本語に合うドイツ語の文を完成させてみましょう。

□□□ ① 《duに》しっかりドイツ語を勉強しなさい。［lernen］

＿＿＿＿＿＿ Deutsch fleißig!

> ①
> 命令形は、語尾とか主語、あと語順に気をつけるんだったな。

□□□ ② 《Sieに》もっと早く仕事してください。［arbeiten］

＿＿＿＿＿＿ bitte schneller!

□□□ ③ 《duに》すぐに宿題しろよ！［machen］

＿＿＿＿＿＿ doch gleich Hausaufgaben!

□□□ ④ 《ihrに》ここでサッカーをするな！［spielen］

＿＿＿＿＿＿ hier nicht Fußball!

> ④
> ihrが主語のときは、何かは消えて、何かは消えないんだったような…

□□□ ⑤ 《ihrに》ここで私を待っててね。［warten］

＿＿＿＿＿＿ hier doch auf mich!

□□□ ⑥ 《Sieに》そこの窓を開けてください。［öffnen］

＿＿＿＿＿＿ bitte das Fenster dort!

□□□ ❼ 《duに》（自宅から電話で）急いで帰って来なさい。
［kommen］

＿＿＿＿＿＿ schnell nach Hause!

□□□ ❽ 《Sieに》すみません！　すぐに助けを呼んでください。
［rufen］
Entschuldigung! ＿＿＿＿＿＿ schnell die Hilfe!

□□□ ❾ 《duに》お願い、私を助けて！［helfen］
Bitte, ＿＿＿＿＿＿ mir!

> ❾
> 動詞がhelfenということは、変化に気をつけないと！

□□□ ❿ 《ihrに》お前ら、必ず彼女を助けろよ！［helfen］
Ihr beide, ＿＿＿＿＿＿ ihr doch auf jeden Fall!

□□□ 11 《duに》ちょっと待って！［warten］

__________ mal!

□□□ 12 《ihrに》彼に君たちの本を貸してあげなよ！［leihen］

__________ ihm mal doch euer Buch!

□□□ 13 《duに》見てみて！ 流れ星！［sehen］

__________ mal! Eine Sternschnuppe!

□□□ 14 《duに》デンマーク語を話してみて！［sprechen］

__________ mal Dänisch!

□□□ 15 《duに》一台タクシー拾って！［nehmen］

__________ mir ein Taxi!

11

これも、なんか匂うなあ。どこかに落とし穴があるような…

13

動詞がsehenってことは、また変化に気をつけないとな！

□□□ 16 《duに》自転車で行きなさい。［fahren］

__________ mit dem Fahrrad!

□□□ 17 《Sieに》本当のことを言ってください。［sagen］

__________ bitte die Wahrheit!

□□□ 18 《duに》（洋服店で）このスカート試着してみて。［probieren］

__________ mal den Rock!

□□□ 19 《Sieに》どうぞお気軽においでください。［kommen］

__________ bitte ruhig zu mir!

□□□ 20 《ihrに》アダム、エヴァ、とにかくそのリンゴを食べなさい！［essen］

Adam, Eva, __________ nur den Apfel!

□□□ ㉑ 《du に》(タバコをくわえて)火をくれ！ [geben]

_____ mir Feuer!

□□□ ㉒ 《du に》君の冒険について聞かせて！ [erzählen]

_____ mir von deinem Abenteuer!

□□□ ㉓ 《ihr に》時間をちゃんと守りなさいよ。 [sein]

_____ doch pünktlich!

□□□ ㉔ 《Sie に》どうか静かにしてください。 [sein]

_____ bitte still!

□□□ ㉕ 《du に》いい子にして、早く元気になってね。 [sein, werden]

_____ brav und _____ doch schnell
wieder gesund!

Tippchen!

「**命令**」は、基本的に2人称に対して行うため、主語は du、ihr、Sie のいずれか
になります。作り方の「語呂」は：

《du に対して》**語尾なし、主語なし、感嘆符**

《ihr に対して》**語尾あり、主語なし、感嘆符**

《Sie に対して》**語尾あり、主語あり、感嘆符**

ただし！《**du に対して**》は**二つの注意点**：

・ 語幹が**-d**、**-t**などで終わる動詞や**不定詞**が**-eln**、**-ern**で終わる動詞では、**語尾の
-eを省かない**。

・ 語幹の**e**が**i**や**ie**に変化する動詞では、変化させたうえで決して**語尾にeをつけ
ない**。

Lösung

1. Lern(e) Deutsch fleißig!

2. Arbeiten Sie bitte schneller!

3. Mach(e) doch gleich Hausaufgaben!

4. Spielt hier nicht Fußball!

5. Wartet hier doch auf mich!

6. Öffnen Sie bitte das Fenster dort!

7. Komm(e) schnell nach Hause!

8. Entschuldigung! Rufen Sie schnell die Hilfe!

9. Bitte, hilf mir!

10. Ihr beide, helft ihr doch auf jeden Fall!

11. Warte mal!

12. Leiht ihm mal doch euer Buch!

13. Sieh mal! Eine Sternschnuppe!

14. Sprich mal Dänisch!

15. Nimm mir ein Taxi!

16. Fahr(e) mit dem Fahrrad!

17. Sagen Sie bitte die Wahrheit!

18. Probier(e) mal den Rock!

19. Kommen Sie bitte ruhig zu mir!

20. Adam, Eva, esst nur den Apfel!

21. Gib mir Feuer!

22. Erzähl(e) mir von deinem Abenteuer!

23. Seid doch pünktlich!

24. Seien Sie bitte still!

25. Sei brav und werd(e) doch schnell wieder gesund!

Lektion 12　前置詞（2・3・4格支配）

　　<　　　>に前置詞を、（　　　）に冠詞（類）あるいは人称代名詞を入れ、日本語
に合うドイツ語の文を完成させてみましょう。
※［r］＝男性、［e］＝女性、［s］＝中性、［pl］＝複数

□□□ ① 彼女と踊るの？

　　　Tanzt du <　　　　> (　　　　)?

1

この「と」は、「一緒に」
とか「共に」って意味
だよな。

□□□ ② フィッシャー夫人はバス［r］でイタリア［s］に行く。

　　　Frau Fischer fährt <　　　　> (　　　　) Bus
　　　<　　　　> Italien.

2

この「で」は手段を表
してるな。

□□□ ③ 彼らはアメリカ［pl］出身で、私たちはトルコ［e］出身です。

　　　Sie kommen <　　　　> (　　　　) USA und
　　　wir sind <　　　　> (　　　　) Türkei.

□□□ ④ 彼は私のプレゼント［s］を買う。

　　　Er kauft ein Geschenk <　　　　> (　　　　).

4

「私のため」ってこと
だろうな。

□□□ ⑤ 私はあなたの意見［e］に賛成です。

　　　Ich bin <　　　　> (　　　　) Meinung.

□□□ ❻ 俺はお前の意見［e］に反対だ。

　　　Ich bin <　　　　> (　　　　) Meinung.

□□□ ❼ その男性［r］は私たちの叔母［e］のもとで暮らしています。

　　　Der Mann lebt <　　　　> (　　　　) Tante.

□□□ ❽ その少女［s］は森［r］を抜けて彼女のお婆ちゃん［e］
　　　のところへ行く。
　　　Das Mädchen geht <　　　　> (　　　　) Wald
　　　<　　　　> (　　　　) Großmutter.

8

確か「人」のところに
行く場合は、「地名」
に向かう場合と違った
ような…

□□□ ❾ （カフェで店員に）私には砂糖［r］抜きでお願いします。

　　　<　　　　> Zucker <　　　　> (　　　　), bitte!

□□□ ❿ 彼らは毎日［r］8時にテニス［s］をする。

　　　Sie spielen jeden Tag <　　　　> 8 Uhr Tennis.

□□□ ⑪ 君たちは月曜[*r*]から金曜[*r*]まで働いているの？
Arbeitet ihr <　　　　> Montag <　　　　> Freitag?

□□□ ⑫ 彼はもう家[*s*]にいて、彼女は今から帰宅する。
Er ist schon <　　　　> Hause und sie geht jetzt <　　　　> Hause.

□□□ ⑬ 私たちは食事[*s*]の後にショッピングに行きます。
<　　　　> (　　　　) Essen gehen wir einkaufen.

□□□ ⑭ 俺のコンピュータ[*r*]がないなら俺は仕事をしない。
<　　　　> (　　　　) Computer arbeite ich nicht.

□□□ ⑮ ４月から一人暮らしを始めます。
<　　　　> April beginne ich, allein zu wohnen.

⑮
「から」っていろんな用法があって難しいなあ。違いはなんだろう。

□□□ ⓰ ミヒャエルとエマは１年[*s*]前から付き合っている。
Michael und Emma sind <　　　　> (　　　　) Jahr eng befreundet.

□□□ ⓱ 彼女は２週間の旅行をする。
Sie macht <　　　　> zwei Wochen eine Reise.

⓱
「２週間の予定で」ってことだろうな。

□□□ ⓲ じゃ、またあした！
<　　　　> morgen!

⓲
「明日までバイバイ」ってことだよな。

□□□ ⓳ 私の彼氏[*r*]は授業[*r*]中いつも寝ている。
Mein Freund schläft immer <　　　　> (　　　　) Unterrichts.

□□□ ⓴ 彼は今日風邪[*e*]で欠席です。
Er ist heute <　　　　> (　　　　) Erkältung abwesend.

⓴
この「で」は原因を表してるな。

□□□ ㉑ その犬[*r*]はずっと一本の木[*r*]のまわりを回っている。
Der Hund läuft stets <   > (   )
Baum.

□□□ ㉒ 彼女は家[*s*]の代わりに車[*s*]を買う。
Sie kauft <   > (   ) Hauses ein Auto.

□□□ ㉓ 雨[*r*]にもかかわらず子供[*s*]たちは遠足[*r*]に行く。
<   > (   ) Regens machen Kinder
einen Ausflug.

□□□ ㉔ 僕の考え[*e*]では、彼女は悪くない。
(   ) Meinung <   > hat sie keine
Schuld.

㉔
前置詞が後ろに来ることもあるんだな。

□□□ ㉕ 私は明日、東京から飛行機[*s*]でベルリンを経由して
ミュンヘンに行きます。
Ich fliege morgen <   > (   ) Flugzeug <   >
Tokyo <   > Berlin <   > München.

㉕
「経由」ってのは「上空を」ってことだから …

Tippchen!

　「**前置詞**」は、基本的に**名詞や代名詞の前**に置かれて、それらの語の**格を決定**します（＝**格支配**）。この際の**格**とは、日本語の助詞「〜が／は・〜の・〜に・〜を」とは関係がないため混乱しないように！　たとえば、「mit dir」が3格なのは「君と一緒に」の「に」が関係しているのではなななく、「一緒」を表す前置詞 mit が否応なく**3格を必要**とする（＝**格支配**）ためです。前置詞は一つ一つ**暗記**して、使い方に慣れていくしかありません。

《2格支配の前置詞》statt、trotz、während、wegen など

《3格支配の前置詞》aus、bei、mit、nach、seit、von、zu など

《4格支配の前置詞》durch、für、gegen、ohne、um など

《3・4格支配の前置詞》an、auf、hinter、in、neben、über、unter、vor、zwischen

Lösung

1. Tanzt du mit ihr?

2. Frau Fischer fährt mit dem Bus nach Italien.

3. Sie kommen aus den USA und wir sind aus der Türkei.

4. Er kauft ein Geschenk für mich.

5. Ich bin für Ihre Meinung.

6. Ich bin gegen deine Meinung.

7. Der Mann lebt bei uns(e)rer Tante.

8. Das Mädchen geht durch den Wald zu seiner Großmutter.

9. Ohne Zucker für mich, bitte!

10. Sie spielen jeden Tag um 8 Uhr Tennis.

11. Arbeitet ihr von Montag bis Freitag?

12. Er ist schon zu Hause und sie geht jetzt nach Hause.

13. Nach dem Essen gehen wir einkaufen.

14. Ohne meinen Computer arbeite ich nicht.

15. Ab April beginne ich, allein zu wohnen.

16. Michael und Emma sind seit einem Jahr eng befreundet.

17. Sie macht für zwei Wochen eine Reise.

18. Bis morgen!

19. Mein Freund schläft immer während des Unterrichts.

20. Er ist heute wegen der Erkältung abwesend.

21. Der Hund läuft stets um einen Baum.

22. Sie kauft statt eines Hauses ein Auto.

23. Trotz des Regens machen Kinder einen Ausflug.

24. Meiner Meinung nach hat sie keine Schuld.

25. Ich fliege morgen mit dem Flugzeug von Tokyo über Berlin nach München.

Lektion 13　前置詞（空間3・4格支配）

<　　　>に前置詞を、（　　　）に冠詞（類）あるいは人称代名詞を入れ、日本語に合うドイツ語の文を完成させてみましょう。
※ [r] ＝男性、[e] ＝女性、[s] ＝中性、[pl] ＝複数

□□□ ① 机 [r] の前に椅子 [r] がある。

  < 　　　 > (　　　) Tisch steht ein Stuhl.

①

「ある」ってことは、椅子は動いていないわけだから…

□□□ ② ある女の子 [s] がその木 [r] の横に座っている。

  Ein Mädchen sitzt < 　　　 > (　　　) Baum.

□□□ ③ そのコンピュータは彼の机の上にある。

  Der Computer liegt < 　　　 > (　　　) Tisch.

□□□ ④ その生徒 [r] は今、町 [e] にいる。

  Der Schüler ist jetzt < 　　　 > (　　　) Stadt.

④

「いる」も「ある」と同じだな。

□□□ ⑤ その生徒 [e] は今、町 [e] に行く。

  Die Schülerin geht jetzt < 　　　 > (　　　) Stadt.

⑤

「行く」ってことは、生徒は町に向かうってことだから…

□□□ ❻ 彼はマンハイム大学 [e] で経営学 [e] を勉強している。

  Er studiert BWL < 　　　 > (　　　) Universität Mannheim.

❻

大学という場所に「いて」、そこで勉強しているわけだな。

□□□ ❼ 誰が彼の後ろにいるの？

  Wer ist < 　　　 > (　　　)?

□□□ ❽ 彼女は自分のボールペン [r] を机 [r] の上に置く。

  Sie legt (　　　) Kuli < 　　　 > (　　　) Tisch.

❽

「置く」だから、これからボールペンが移動することになるな。

□□□ ❾ 窓 [s] の上に時計 [e] が掛かっている。

  < 　　　 > (　　　) Fenster hängt (　　　) Uhr.

□□□ ❿ その老婆はベンチに腰かけている。

  Die Alte sitzt < 　　　 > (　　　) Bank.

□□□ ⑪ ラルフは自分のコート[*r*]を壁[*e*]に掛ける。
Ralf hängt ( ) Mantel < >
( ) Wand.

⑪
「掛ける」も「置く」と一緒だよな。

□□□ ⑫ その椅子[*r*]を鏡[*r*]の前に置いといて！
Stell den Stuhl < > ( ) Spiegel!

□□□ ⑬ ローザは掃除機[*r*]を冷蔵庫[*r*]の横に立てかける。
Rosa stellt ( ) Staubsauger < >
( ) Kühlschrank.

□□□ ⑭ その建物は郵便局[*e*]と映画館[*s*]の間にある。
Das Gebäude liegt < > ( ) Post
und ( ) Kino.

□□□ ⑮ ベッド[*s*]の下に一匹の猫[*e*]が寝ている。
< > ( ) Bett schläft ( )
Katze.

□□□ ⓰ そのボール[*r*]はベッド[*s*]の下に転がっていく。
Der Ball rollt < > ( ) Bett.

□□□ ⓱ 彼は引き出し[*e*]の中にピストル[*e*]を隠している。
Er versteckt seine Pistole < > ( )
Schublade.

□□□ ⓲ 一匹のネズミ[*e*]が壁[*e*]の裏へ逃げる。
Eine Maus flüchtet < > ( ) Wand.

⓲
「逃げる」も、要するに「移動」だな。

□□□ ⓳ 明日図書館[*e*]に行ってきなさい。
Geht morgen < > ( ) Bibliothek!

□□□ ⓴ そのコップ[*s*]をそこの棚[*s*]の上に置いてください。
Stellen Sie bitte ( ) Glas < >
( ) Regal da!

□□□ 21 その子［s］をベンチ［e］に座らせて！

Setz (　　　) Kind <　　　> (　　　) Bank!

□□□ 22 一匹のカンガルー［s］がフェンス［r］を飛び越える。

Ein Känguru springt <　　　> (　　　) Zaun.

> 22
> 「飛び越える」だから、「上方」ってことか。

□□□ 23 ホーム［s］の横の売店［r］に来て！

Komm bitte mal <　　　> (　　　) Kiosk
<　　　> (　　　) Gleis!

□□□ 24 海岸［e］で事故［r］が多発している。

<　　　> (　　　) Küste passieren häufig
Unfälle.

> 24
> 「海岸」ってのは、「海岸沿い」とか「海岸に面して」って感じかな。

□□□ 25 （料理のレシピ）トマト［e］をスライス［e］チーズ［r］
と一切れ［s］のレタス［r］に挟む。
Eine Scheibe Tomate <　　　> (　　　)
Scheibe Käse und (　　　) Stück Salat legen.

Tippchen!

「**前置詞**」のなかには、状況に合わせて**3格か4格か**どちらかの格を必要とするものがあります。次の**9つ**の前置詞で、いずれも「**空間**」と関係します：

an（際）　auf（上）　hinter（後ろ）　in（中）　neben（横）　über（上方）

unter（下）　vor（前）　zwischen（間）

これらは、ある対象が、その空間で表された場所に「**所在する（＝3格）**」のか「**移動する（＝4格）**」のかによって、格支配が決まります。たとえば、「ハンスは町に**いる**」の場合、ハンス（＝対象）は「町（の中）に所在する」ので Hans ist **in der**（＝**3格**）Stadt. となり、「ハンスは町に**行く**」では、「町（の中）に移動する」ので Hans geht **in die**（＝**4格**）Stadt. となります。つまり、使われる**動詞の意味**が解く鍵！

Lösung

1. Vor dem Tisch steht ein Stuhl.

2. Ein Mädchen sitzt neben dem Baum.

3. Der Computer liegt auf seinem Tisch.

4. Der Schüler ist jetzt in der Stadt.

5. Die Schülerin geht jetzt in die Stadt.

6. Er studiert BWL an der Universität Mannheim.

7. Wer ist hinter ihm?

8. Sie legt ihren Kuli auf den Tisch.

9. Über dem Fenster hängt eine Uhr.

10. Die Alte sitzt auf der Bank.

11. Ralf hängt seinen Mantel an die Wand.

12. Stell den Stuhl vor den Spiegel!

13. Rosa stellt den Staubsauger neben den Kühlschrank.

14. Das Gebäude liegt zwischen der Post und dem Kino.

15. Unter dem Bett schläft eine Katze.

16. Der Ball rollt unter das Bett.

17. Er versteckt seine Pistole in der Schublade.

18. Eine Maus flüchtet hinter die Wand.

19. Geht morgen in die Bibliothek!

20. Stellen Sie bitte das Glas auf das Regal da!

21. Setz das Kind auf die Bank!

22. Ein Känguru springt über den Zaun.

23. Komm bitte mal an den Kiosk neben dem Gleis!

24. An der Küste passieren häufig Unfälle.

25. Eine Scheibe Tomate zwischen eine Scheibe Käse und ein Stück Salat legen.

Lektion 14　前置詞の融合形

< >に前置詞と定冠詞の融合形を入れ、日本語に合うドイツ語の文を完成させて
みましょう。
※[r]＝男性、[e]＝女性、[s]＝中性、[pl]＝複数

□□□ ① 彼は今、動物園[r]にいる。

Er ist jetzt < > Zoo.

①

まずはどの前置詞を使
うかを考えて、次にそ
れが何格支配になるか
を考えよう。

□□□ ② 今日、彼女は風邪[e]で医者[r]に行く。

Heute geht sie wegen ihrer Erkältung
< > Arzt.

□□□ ③ ハインリヒは明日郵便局[e]に行く。

Heinrich geht morgen < > Post.

③

「郵便局に行く」の場
合は、言い方が二通り
あったな。けど、融合
形にするってことは…

□□□ ④ 君は映画[s]に行かないの？

Gehst du nicht < > Kino?

□□□ ⑤ 僕は今日、芝居[s]を見に行くんだ。

Ich gehe heute < > Theater.

□□□ ⑥ ブリギッテはミヒャエルと海[s]に行く。

Brigitte fährt mit Michael < > Meer.

⑥

この場合は、「海の中
へ」ってわけではない
からなあ。

□□□ ⑦ 私は車[s]で駅[r]に行きます。

Ich fahre mit dem Auto < > Bahnhof.

□□□ ⑧ 救急車[r]が彼を病院[s]に運ぶ。

Der Rettungswagen bringt ihn < >
Krankenhaus.

□□□ ⑨ その女性[e]はそっと窓[s]辺に歩み寄る。

Die Frau geht ruhig < > Fenster.

□□□ ⑩ 窓[s]辺にたたずむその女性[e]が私の母[e]です。

Die Frau < > Fenster ist meine Mutter.

□□□ ⑪ デパート[*s*]から銀行[*e*]への道を教えてください。
Zeigen Sie bitte den Weg <　　　　>
Kaufhaus <　　　　> Bank!

□□□ ⑫ それらの本[*s*]はきちんと棚[*s*]に並べられている。
Die Bücher stehen ordentlich <　　　　> Regal.

⑫
「棚」のどこに並べられているか考えればいいんだな。

□□□ ⑬ 明後日リザと私は役所[*s*]に行く。
Übermorgen gehen Lisa und ich <　　　　> Amt.

□□□ ⑭ 君らの娘[*e*]はまだ学校[*e*]に通っているのかい？
Geht eure Tochter noch <　　　　> Schule?

□□□ ⑮ ロボットが海[*s*]に潜っていく。
Ein Roboter taucht <　　　　> Meer.

□□□ ⓰ 駅[*r*]構内のキオスク[*r*]で私は毎日新聞[*e*]を買います。
<　　　　> Kiosk <　　　　> Bahnhof kaufe ich jeden Tag eine Zeitung.

⓰
「キオスク」ってなんだっけ？　画像検索してみよう！　何かに気づくかも。

□□□ ⓱ 日曜日[*r*]に私たちはピクニック[*s*]をします。
<　　　　> Sonntag machen wir ein Picknick.

⓱
「曜日」と結びつく前置詞は…

□□□ ⓲ 彼らは夏[*r*]にドイツに行く。
Sie fliegen <　　　　> Sommer nach Deutschland.

⓲
「季節」と結びつく前置詞は…

□□□ ⓳ 晩[*r*]に鶴[*r*]と亀[*e*]が滑る。
<　　　　> Abend rutschen ein Kranich und eine Schildkröte.

□□□ ⓴ そのレストラン[*s*]は駅[*r*]からどれくらい離れてるの？
Wie weit ist das Restaurant <　　　　> Bahnhof entfernt?

□□□ ㉑ 田中氏は辞書を使わずにスペイン語を日本語に翻訳する。
Herr Tanaka übersetzt Spanisch ohne
Wörterbuch < > Japanische.

㉑

「翻訳機」みたいな機械の「中に」言語を放り込むようなイメージかな。

□□□ ㉒ （看板）「雨天中止」
„Ausfall < > Regen"

□□□ ㉓ 毎年、事故[r]で多くの人々[pl]が命[s]を失う。
Jedes Jahr kommen viele Leute < >
Unfall < > Leben.

㉓

「命を失う」は、あんまり理屈をこねるより、決まった言い回しとして覚えてしまった方が良さそう。

□□□ ㉔ 彼は極度に緊張していつも試験[s]に落ちる。
Er ist < > Äußerste angespannt und
fällt immer < > Examen.

□□□ ㉕ シュタイン医師は当面は海外に滞在しています。
Dr. Stein bleibt < > Erste < >
Ausland.

Tippchen!

「**前置詞**」のなかには、定冠詞とくっついて**一つの形になる**ものがあります（＝**融合形**）：

3格の場合：**am**、**im**、**zum**、**beim**、**vom**、**zur** など

4格の場合：**ans**、**ins**、aufs、hinters、vors、übers、fürs、durchs、ums

など　　　　　　　　　　　　　　※太字はよく使われる形

融合形の主な理由（利点）は、**指示力の弱い定冠詞**と結びついて表現を簡潔にすることです。たとえば、①「人々は市場で（**am** Marktplatz）野菜を買う」の場合、想起されるのは**一般的な場所（概念）**としての市場であり、特定の市場を指していません。また、②「私は今日映画を見に行く（**ins** Kino gehen）」のような場合は、特定の映画館に行くのではなく、動詞と結びついて、「映画館に行って映画を見る」という**行為**を表します。

Lösung

1. Er ist jetzt im Zoo.
2. Heute geht sie wegen ihrer Erkältung zum Arzt.
3. Heinrich geht morgen zur Post.
4. Gehst du nicht ins Kino?
5. Ich gehe heute ins Theater.

---

6. Brigitte fährt mit Michael ans Meer.
7. Ich fahre mit dem Auto zum Bahnhof.
8. Der Rettungswagen bringt ihn ins Krankenhaus.
9. Die Frau geht ruhig ans Fenster.
10. Die Frau am Fenster ist meine Mutter.

---

11. Zeigen Sie bitte den Weg vom Kaufhaus zur Bank!
12. Die Bücher stehen ordentlich im Regal.
13. Übermorgen gehen Lisa und ich zum Amt.
14. Geht eure Tochter noch zur Schule?
15. Ein Roboter taucht ins Meer.

---

16. Am Kiosk im Bahnhof kaufe ich jeden Tag eine Zeitung.
17. Am Sonntag machen wir ein Picknick.
18. Sie fliegen im Sommer nach Deutschland.
19. Am Abend rutschen ein Kranich und eine Schildkröte.
20. Wie weit ist das Restaurant vom Bahnhof entfernt?

---

21. Herr Tanaka übersetzt Spanisch ohne Wörterbuch ins Japanische.
22. „Ausfall beim Regen"
23. Jedes Jahr kommen viele Leute beim Unfall ums Leben.
24. Er ist aufs Äußerste angespannt und fällt immer durchs Examen.
25. Dr. Stein bleibt fürs Erste im Ausland.

[　　] の不定形の動詞を参照して、それぞれの下線部に基礎動詞の定形か分離の前つづりを入れ、日本語に合うドイツ語の文を完成させてみましょう。

□□□ ① 僕は今から彼女に電話する。[anrufen]

Ich _____ sie jetzt _____.

□□□ ② 彼女はいつ戻ってくるの？ [zurückkommen]

Wann _____ sie _____?

□□□ ③ 明日僕が彼女を駅まで迎えに行くんだ。[abholen]

Morgen _____ ich sie vom Bahnhof _____.

□□□ ④ さあいい加減起きてください。[aufstehen]

_____ Sie bitte jetzt endlich _____!

□□□ ⑤ その電車は8時にベルリンを出発します。[abfahren]

Der Zug _____ um 8 Uhr in Berlin _____.

□□□ ❻ ニュルンベルクで一度乗り換えてください。[umsteigen]

_____ Sie bitte einmal in Nürnberg _____!

□□□ ❼ ミュンヘンには14時に着きます。[ankommen]

In München _____ Sie um 14 Uhr _____.

□□□ ❽ 近々僕たちは京都に引っ越す。[umziehen]

Bald _____ wir nach Kyoto _____.

□□□ ❾ 僕たちはよく町でショッピングをする。[einkaufen]

Wir _____ oft in der Stadt _____.

□□□ ❿ 7月に一つのカフェがオープンする。[aufmachen]

Im Juli _____ ein Café _____.

---

①

確か、前つづりと基礎動詞部分に分かれるんだったよな。

②

基礎動詞部分が不規則な変化をする動詞では気をつけないと。

□□□ [11] 僕の彼女はコーヒーを授業に持っていく。
[mitnehmen]
Meine Freundin __________ Kaffee _______ zum Unterricht.

[11]
これも不規則変化の動詞だ。

□□□ [12] 毎月あるパーティーが大学で開かれる。[stattfinden]
Jeden Monat __________ eine Party an der Uni _______.

□□□ [13] アルブレヒトはそのパーティーに一人で参加する。
[teilnehmen]
Albrecht __________ allein an der Party _________.

[13]
「部分」を「取る」って感じかな。

□□□ [14] 彼はそこでいつも女性に話しかける。[ansprechen]
Er __________ da immer Frauen _____.

□□□ [15] その女性は彼の言うことを聞かない。[zuhören]
Die Frau __________ ihm nicht _____.

□□□ [16] お前たち、いい加減ゲームをやめなさい。[aufhören]
Ihr beide, __________ endlich mit dem Spiel _____!

□□□ [17] 明日からまた学校が始まるわよ。[anfangen]
Ab morgen ________ die Schule wieder _____.

□□□ [18] 明後日なんか予定あんの？ [vorhaben]
__________ du übermorgen etwas _______?

[18]
「前もって」何かを「持っている」って感じかな。

□□□ [19] 友達をコンサートに誘うんだ。[einladen]
Ich ________ meine Freunde ins Konzert _____.

□□□ [20] 君も一緒に来る？ [mitkommen]
___________ du auch _____?

[20]
これはまさにそのままだな。

□□□ ㉑ その友達は誘いを断る。[ablehnen]

Die Freunde _____ die Einladung ____.

□□□ ㉒ ごめんなさい。[leidtun]

Es _____ mir _____.

□□□ ㉓ シンデレラはガラスの靴を片方脱ぐ。[ausziehen]

Aschenputtel _____ einen Glasschuh ____.

□□□ ㉔ 白雪姫は毒リンゴで眠り込む。[einschlafen]

Schneewittchen _____ wegen
eines giftigen Apfels ____.

㉔
「schlafen」とは何が
違うんだろう…

□□□ ㉕ ヘンゼルはグレーテルと出かける。[ausgehen]

Hänsel _____ mit Gretel ____.

Tippchen!

ドイツ語には、前つづりと動詞が合成してできた「**複合動詞**」があります。複合
動詞には、「**分離動詞**」と「**非分離動詞**」があり、**分離動詞**は、字のごとく動詞が
分かれて離れます。その際、主文では、基礎動詞部分が定形で主語の隣に置かれ、
前つづりが文末に残ります。

例：ab | schließen：Jeden Abend **schließt** der Wächter um 23 Uhr

（鍵を閉める）　　die Tür des Lehrerzimmers im 3. Stock **ab**.

まるで遠距離恋愛を強いられたカップルのようですね。ただし、**副文**の場合や**話
法の助動詞**を伴う場合は離ればなれになりません。「**副**（そ）える＝そばにつける」、
「**助**ける＝距離をなくす」なんて覚え方はいかがでしょうか。

65

Lösung

1. Ich rufe sie jetzt an.

2. Wann kommt sie zurück?

3. Morgen hole ich sie vom Bahnhof ab.

4. Stehen Sie bitte jetzt endlich auf!

5. Der Zug fährt um 8 Uhr in Berlin ab.

6. Steigen Sie bitte einmal in Nürnberg um!

7. In München kommen Sie um 14 Uhr an.

8. Bald ziehen wir nach Kyoto um.

9. Wir kaufen oft in der Stadt ein.

10. Im Juli macht ein Café auf.

11. Meine Freundin nimmt Kaffee mit zum Unterricht.

12. Jeden Monat findet eine Party an der Uni statt.

13. Albrecht nimmt allein in der Party teil.

14. Er spricht da immer Frauen an.

15. Die Frau hört ihm nicht zu.

16. Ihr beide, hört endlich mit dem Spiel auf!

17. Ab morgen fängt die Schule wieder an.

18. Hast du übermorgen etwas vor?

19. Ich lade meine Freunde ins Konzert ein.

20. Kommst du auch mit?

21. Die Freunde lehnen die Einladung ab.

22. Es tut mir leid.

23. Aschenputtel zieht einen Glasschuh aus.

24. Schneewittchen schläft wegen eines giftigen Apfels ein.

25. Hänsel geht mit Gretel aus.

Lektion 16　非分離動詞、分離・非分離動詞

[　　]の不定形の動詞を参照して、それぞれの下線部に基礎動詞の定形か、必要であれば分離の前つづりを入れ、日本語に合うドイツ語の文を完成させてみましょう。

□□□ ① 私が言ってることわかる？ [verstehen]
　　　　　_____ du mich ____?

① 確か「stehen」って動詞があったから、これが基礎動詞部分ってことだな。ということは、前つづりは「ver」ってことか。

□□□ ② 大気汚染は地球を破壊する。[zerstören]
Die Luftverschmutzung _____ die Erde
____.

□□□ ③ 彼女は入院中の妹を見舞う。[besuchen]
Sie _____ ihre Schwester im Krankenhaus
____.

□□□ ④ 留学ではたくさんのことを経験する。[erleben]
Man _____ vieles beim Auslandsstudium
____.

□□□ ⑤ この飲料には12パーセントのアルコールが含まれている。[enthalten]
Dieses Getränk _____ 12 Prozent Alkohol
____.

⑤ 基礎動詞部分が不規則変化の動詞だ！

□□□ ❻ そのウエーターはお客に食前酒を勧める。[empfehlen]
Der Kellner _____ den Gästen einen
Aperitif ____.

□□□ ❼ 私はそのワンピースが好きじゃない。[gefallen]
Mir _____ das Kleid nicht ____.

□□□ ❽ お前たちの計画は必ず失敗に終わる。[misslingen]
Der Plan _____ euch bestimmt _____.

□□□ ❾ 彼女は短編小説をいつも意訳する。[übersetzen]
Sie _____ Novellen immer sehr frei
____.

□□□ ❿ フェリーが対岸に渡る。[übersetzen]
Die Fähre _____ ans andere Ufer
_____.

❿ あれっ、❾と同じ動詞だ。何が違うんだろう…

□□□ ⑪ そのことばを言い換えてみて！［umschreiben］

__________ das Wort mal _____!

□□□ ⑫ 僕の彼女はいつもわがままを押し通す。[durchsetzen]

Meine Freundin _________ immer ihren Kopf _________.

□□□ ⑬ 監視が塔から町全体を見渡す。[übersehen]

Die Aufsicht _________ vom Turm die ganze Stadt _________.

□□□ ⑭ その政治家はいつも明確な返答を避ける。[umgehen]

Der Politiker _________ immer eine klare Antwort _____.

□□□ ⑮ 私たちはその島全体を一周する。[umfahren]

Wir _________ die ganze Insel _____.

□□□ [16] 君はいつも間違いを見落とす。[übersehen]

Du _________ immer Fehler _________.

[16]
⑬と同じ動詞だけど…

□□□ [17] 彼は女性の扱いがとても上手だ。[umgehen]

Er _________ mit Frauen sehr gut _____.

[17]
これは⑭と一緒だ。

□□□ [18] 学生たちはレポートを書き直す。[umschreiben]

Die Studenten _________ ihren Aufsatz _____.

□□□ [19] その国は組織にスパイを潜り込ませる。[durchsetzen]

Der Staat _________ eine Organisation mit Spitzeln _________.

□□□ [20] その噂はすぐに広まる。[umgehen]

Das Gerücht _________ ganz schnell _____.

□□□ ㉑ ブルドーザーが建築現場で交通標識を倒す。[umfahren]
Ein Bulldozer _____ an der Baustelle ein
Verkehrsschild _____.

□□□ ㉒ 俺には8,000人の部下がいる。[unterstehen]
Mir _____ 8,000 Mitarbeiter _____.

□□□ ㉓ あなたはきっと私を誤解されています。[missverstehen]
Sie _____ mich bestimmt _____.

㉓

前つづり「miss」は確
か非分離だけど、ほか
の非分離動詞とはなに
かが違うような…

□□□ ㉔ 彼は彼女と玄関でバイバイする。[verabschieden]
Er _____ seine Freundin an der Haustür
_____.

㉔

「ab-」は分離の前つ
づりだけど…

□□□ ㉕ ニーナは今日、家で掃除機をかける。[staubsaugen]
Nina _____ heute ihre Wohnung _____.

Tippchen!

複合動詞には、「分離動詞」と「**非分離動詞**」があります。

分離動詞と同じく、**非分離動詞**も、「前つづり＋基礎動詞」で作られます。主な
非分離の前つづりは7つ（**be-、emp-、ent-、er-、ge-、ver-、zer-**）で、アクセン
トが置かれず、分離動詞と違って語が離ればなれになりません。また、複合動詞に
は、**分離・非分離の両方を兼ねる動詞**があります。分離か非分離かは意味によって
決まりますが、おおよそ、前つづりと基礎動詞の**意味が具体的な場合**は**分離**し、**抽
象的な場合**は**非分離**となります。とはいえ、なかなかそう単純にはいかないので、
文法的な側面も学習しつつ、自分なりに覚え方を工夫しましょう。

Lösung

1. Verstehst du mich?

2. Die Luftverschmutzung zerstört die Erde.

3. Sie besucht ihre Schwester im Krankenhaus.

4. Man erlebt vieles beim Auslandsstudium.

5. Dieses Getränk enthält 12 Prozent Alkohol.

6. Der Kellner empfiehlt den Gästen einen Aperitif.

7. Mir gefällt das Kleid nicht.

8. Der Plan misslingt euch bestimmt.

9. Sie übersetzt Novellen immer sehr frei.

10. Die Fähre setzt ans andere Ufer über.

11. Umschreib das Wort mal!

12. Meine Freundin setzt immer ihren Kopf durch.

13. Die Aufsicht übersieht vom Turm die ganze Stadt.

14. Der Politiker umgeht immer eine klare Antwort.

15. Wir umfahren die ganze Insel.

16. Du übersiehst immer Fehler.

17. Er geht mit Frauen sehr gut um.

18. Die Studenten schreiben ihren Aufsatz um.

19. Der Staat durchsetzt eine Organisation mit Spitzeln.

20. Das Gerücht geht ganz schnell um.

21. Ein Bulldozer fährt an der Baustelle ein Verkehrsschild um.

22. Mir unterstehen 8,000 Mitarbeiter.

23. Sie missverstehen mich bestimmt.

24. Er verabschiedet seine Freundin an der Haustür.

25. Nina staubsaugt heute ihre Wohnung.

Lektion 17　話法の助動詞（客観的用法）

[　　　] の動詞を参照して、それぞれの下線部に適切な形の動詞を入れ、日本語に合うドイツ語の文を完成させてみましょう。

□□□ ① 私は宿題をしなきゃいけない。[machen, müssen]

Ich ＿＿＿＿＿ Hausaufgaben ＿＿＿＿＿ .

① 日本語の「〜いけない」ってのをどうやって表現するかってことだな。

□□□ ② 彼は明日までにその本を読まなければならない。
[lesen, müssen]

Er ＿＿＿＿＿ bis morgen das Buch ＿＿＿＿ .

□□□ ③ 今日大学に行かないと駄目なの？[gehen, müssen]

＿＿＿＿＿ du heute zur Uni ＿＿＿＿＿ ?

□□□ ④ 何か食べたいんですが。[essen, möchte]

Ich ＿＿＿＿＿ etwas ＿＿＿＿＿ .

④ 「食べることを欲している」って感じかな。

□□□ ⑤ 僕たちは全員ドイツ語を話せます。[sprechen, können]

Wir ＿＿＿＿＿ alle Deutsch ＿＿＿＿＿ .

⑤ 「話す能力がある」ってことだよな。

□□□ ❻ お前らはもっと気をつけないと駄目だ。
[sein, müssen]

Ihr ＿＿＿＿＿ noch vorsichtiger ＿＿＿＿＿ .

□□□ ❼ ここに駐車してもよろしいでしょうか。[parken, dürfen]

＿＿＿＿＿ man hier ＿＿＿＿＿ ?

❼ 「許可」を得ようとしているわけか。うん？ manってなんだったっけ？

□□□ ❽ 今日僕のところに来られる？[kommen, können]

＿＿＿＿＿ du heute zu mir ＿＿＿＿＿ ?

□□□ ❾ 君はもっと彼を敬うべきだ。[ehren, sollen]

Du ＿＿＿＿＿ ihn noch ＿＿＿＿＿ .

❾ 「助言」ってことかな。

□□□ ❿ 彼女はドイツに行きたがっています。[fliegen, möchte]

Sie ＿＿＿＿＿ nach Deutschland ＿＿＿＿＿ .

□□□ ⑪ 窓を閉めましょうか？［zumachen, sollen］

_________ ich das Fenster _________?

⑪

「閉めたい」、「閉めて欲しい」って思っているのは誰だろう。

□□□ ⑫ （肉屋などで）何にいたしましょうか。［sein, dürfen］

Was _________ es _________?

□□□ ⑬ 私たちはそのパーティーに参加するつもりです。

［teilnehmen, wollen］

Wir _________ an der Party _________.

□□□ ⑭ 俺はどうしても医者になりたいんだ！

［werden, wollen］

Ich _________ unbedingt Arzt _________!

□□□ ⑮ 踊りませんか？［tanzen, wollen］

_________ wir nicht _________?

□□□ ⓰ 君は運転してはいけない。［fahren, dürfen］

Du _________ nicht _________.

⓰

「禁止」ってことだから、言い換えれば「許可」を与えないってことだな。

□□□ ⓱ あなたはもう働かなくてもいいですよ。

［arbeiten, müssen］

Sie _________ nicht mehr _________.

□□□ ⓲ 僕は君とショッピングがしたいなあ。

［einkaufen, möchte］

Ich _________ mit dir _________.

□□□ ⓳ 手伝ってよ！［helfen, sollen］

Du _________ mir _________!

□□□ ⓴ 人間は一度死ぬ運命です。［sterben, müssen］

Der Mensch _________ einmal _________.

⓴

運命とか、必然ってことかな。

□□□ ㉑ そのお店は是非行くべきです。[besuchen, müssen]

Die Kneipe _____ Sie unbedingt

_____.

㉑

日本語の「〜べき」が
必ず sollen ってわけで
はないのか。

□□□ ㉒ オリバーがよろしくって。[grüßen, sollen]

Ich _____ dich von Oliver _____.

□□□ ㉓ 汝、殺めるなかれ。[töten, sollen]

Du _____ nicht _____.

□□□ ㉔ タバコ吸って構いませんか。[rauchen, dürfen]

_____ ich _____?

□□□ ㉕ お刺身は大丈夫ですか。[essen, können]

_____ Sie rohen Fisch _____?

Tippchen!

　話法の助動詞 dürfen、können、mögen(接続法 II 式 möchte)、müssen、sollen、wollen には、「**客観的用法**」と「主観的用法」があります。客観的用法は、客観的な視点で、主語にあたる人や物事の「**義務、能力、必然、許可、願望**」などを表します。話法の助動詞の**人称変化**は、**１人称単数と３人称単数が同じ形**になります。基本的な**文の構造**は、文末に置かれる**本動詞の不定形**と結びついて**枠**を作ることにあります。

　　Ich **kann** heute mit dir im Park Tennis **spielen** .

　　助動詞 —————— 枠 —————— 本動詞

　話法の助動詞は**意味が様々**で、特に**日常会話**でよく使われます。

Lösung

① Ich muss Hausaufgaben machen.

② Er muss bis morgen das Buch lesen.

③ Musst du heute zur Uni gehen?

④ Ich möchte etwas essen.

⑤ Wir können alle Deutsch sprechen.

❻ Ihr müsst noch vorsichtiger sein.

❼ Darf man hier parken?

❽ Kannst du heute zu mir kommen?

❾ Du sollst ihn noch ehren.

❿ Sie möchte nach Deutschland fliegen.

⑪ Soll ich das Fenster zumachen?

⑫ Was darf es sein?

⑬ Wir wollen an der Party teilnehmen.

⑭ Ich will unbedingt Arzt werden!

⑮ Wollen wir nicht tanzen?

⓰ Du darfst nicht fahren.

⓱ Sie müssen nicht mehr arbeiten.

⓲ Ich möchte mit dir einkaufen.

⓳ Du sollst mir helfen!

⓴ Der Mensch muss einmal sterben.

㉑ Die Kneipe müssen Sie unbedingt besuchen.

㉒ Ich soll dich von Oliver grüßen.

㉓ Du sollst nicht töten.

㉔ Darf ich rauchen?

㉕ Können Sie rohen Fisch essen?

Lektion 18　話法の助動詞（客観的用法＜本動詞＞・主観的用法）

[　　]の動詞を参照して、それぞれの下線部に適切な形の動詞を入れ、日本語に合うドイツ語の文を完成させてみましょう。

□□□ ① それはありうることだ。[sein, können]

Das _____ _____.

①

「能力」じゃなく「可能性」を表してるんだな。

②

□□□ ② 彼らはフランス語ができません。[können]

Sie _____ nicht Französisch.

不定詞が必要ないんだな。

□□□ ③ もう帰んなきゃ！ [müssen]

Wir _____ schon nach Hause!

□□□ ④ 僕は貴方が好きです。[mögen]

Ich _____ Sie gern.

□□□ ⑤ （レストランで）何になさいますか。[möchte]

Was _____ Sie gern?

□□□ ❻ （レストランで）コーヒーをください。[möchte]

Ich _____ eine Tasse Kaffee.

□□□ ❼ 彼はもうすぐ来るはずです。[kommen, müssen]

Er _____ bald _____.

□□□ ❽ 彼がブラウンさんに違いない。[sein, müssen]

Er _____ Herr Braun _____.

❽

「確信」ってことか。

□□□ ❾ お前たちはもう寝なさい。[sollen]

Ihr _____ schon ins Bett.

□□□ ❿ あなたのお好きなように。[wollen]

Wie Sie _____.

□□□ ⑪ 僕の息子はなんでもできる。［können］

Mein Sohn __________ alles.

□□□ ⑫ 彼女は近々結婚するそうだ。［heiraten, sollen］

Sie __________ bald __________.

⑫ 「伝聞」、「噂」って感じか。

□□□ ⑬ 今日の午後は雨かもしれない。［regnen, mögen］

Es __________ heute Nachmittag __________.

⑬ mögenも「可能性」を表すのか。könnenと何か違うのかなあ。

□□□ ⑭ 人間は水を必要とする。［wollen］

Menschen __________ Wasser.

⑭ 「欲する」って意味から「必要とする」って意味になるんだろうな。

□□□ ⑮ 今にも嵐が来そうだ。［geben, können］

Es __________ jeden Augenblick einen Sturm __________.

□□□ ⓰ 子供たちはみんな病気らしいよ。［sein, sollen］

Die Kinder __________ alle krank __________.

□□□ ⓱ 天気予報では今日は雨とのことだ。［regnen, sollen］

Laut Wetterbericht __________ es heute __________.

⓱ 「天気予報でそう言ってた」ってことだな。

□□□ ⓲ 彼女は今にも倒れそうだ。［zusammenbrechen, wollen］

Sie __________ gleich __________.

□□□ ⓳ （トイレに）ちょっと失礼。［müssen］

Ich __________ mal.

□□□ ⓴ 今日友達んとこ行っていい？［können］

__________ ich heute zu meinem Freund?

□□□ ㉑　ドアがどうしても開かない。[aufgehen, wollen]

　　　Die Tür _____ einfach nicht _____.

□□□ ㉒　彼は5か国語を話せると言い張っている。
　　　[sprechen, können, wollen]
　　　Er _____ 5 Sprachen _____ _____.

㉒
_____
一つの文のなかに二つ
の話法の助動詞が使わ
れるなんて！

□□□ ㉓　彼は5か国語を話せるという噂だ。
　　　[sprechen, können, sollen]
　　　Er _____ 5 Sprachen _____ _____.

□□□ ㉔　彼女は料理がとても上手いにちがいない。
　　　[kochen, können, müssen]
　　　Sie _____ richtig gut _____ _____.

□□□ ㉕　彼はたくさん働かなければならないだろう。
　　　[arbeiten, müssen, mögen]
　　　Er _____ viel _____ _____.

Tippchen!

　話法の助動詞の使い方には、**不定詞が不要**な場合（**本動詞としての用法**）があります。日本語でも、「ドイツ語を話せる／読める」などと言わずとも「**ドイツ語ができる**」と言えば十分なときがありますね。また、日本語では「医者に行かなければいけない」のように「行く」という動詞が必要になる場合でも、ドイツ語では **Ich muss zum Arzt.** と gehen は必要ではありません。前置詞の **zu** が**方向を規定**しているため、移動を表す動詞が不要になるわけです。

　さらに、話法の助動詞には「**主観的用法**」があります。**認識的用法**とも呼ばれます。主観的な視点で、話し手が文の内容に対する判断や認識を表現します。「**可能性、確信、伝聞、主張、推測**」などを表します。

Lösung

① Das kann sein.

② Sie können nicht Französisch.

③ Wir müssen schon nach Hause!

④ Ich mag Sie gern.

⑤ Was möchten Sie gern?

---

❻ Ich möchte eine Tasse Kaffee.

❼ Er muss bald kommen.

❽ Er muss Herr Braun sein.

❾ Ihr sollt schon ins Bett.

❿ Wie Sie wollen.

---

⑪ Mein Sohn kann alles.

⑫ Sie soll bald heiraten.

⑬ Es mag heute Nachmittag regnen.

⑭ Menschen wollen Wasser.

⑮ Es kann jeden Augenblick einen Sturm geben.

⓰ Die Kinder sollen alle krank sein.

⓱ Laut Wetterbericht soll es heute regnen.

⓲ Sie will gleich zusammenbrechen.

⓳ Ich muss mal.

⓴ Kann ich heute zu meinem Freund?

㉑ Die Tür will einfach nicht aufgehen.

㉒ Er will 5 Sprachen sprechen können.

㉓ Er soll 5 Sprachen sprechen können.

㉔ Sie muss richtig gut kochen können.

㉕ Er mag viel arbeiten müssen.

Lektion 19　再帰代名詞（再帰動詞）

　　[　　]の動詞を参照して、下線部に動詞の定形を、（　　）に再帰代名詞を、
　　<　　>に適切な前置詞を入れ、日本語に合うドイツ語の文を完成させてみま
　　しょう。

□□□ ① 私は身体を洗う。[waschen]

　　　Ich ＿＿＿＿＿＿（　　　　）.

①
「自分自身」を洗うっ
てことだな。

□□□ ② 君は身体を洗うの？ [waschen]

　　　＿＿＿＿＿＿ du（　　　）?

□□□ ③ 彼は身体を洗う。[waschen]

　　　Er ＿＿＿＿＿＿（　　　　）.

□□□ ④ 私たちは身体を洗う。[waschen]

　　　Wir ＿＿＿＿＿＿（　　　　）.

□□□ ⑤ 私は手を洗う。[waschen]

　　　Ich ＿＿＿＿＿＿（　　　　）die Hände.

⑤
「身体」を洗うのと何が
違うんだろう。「手」も
身体の一部だけど。

□□□ ❻ 君は歯を磨くの？ [putzen]

　　　＿＿＿＿＿＿ du（　　　　）die Zähne?

❻
「手」と「歯」は違う？
それとも同じ？

□□□ ❼ 君たちは手を洗うの？ [waschen]

　　　＿＿＿＿＿＿ ihr（　　　　）die Hände?

□□□ ❽ 彼は髭を剃る。[rasieren]

　　　Er ＿＿＿＿＿＿（　　　　）den Bart.

□□□ ❾ 彼女は髪を洗う。[waschen]

　　　Sie ＿＿＿＿＿＿（　　　　）die Haare.

□□□ ❿ 歯を磨いてください。[putzen]

　　　＿＿＿＿＿＿ Sie（　　　）die Zähne!

□□□ [11] 私はいつも脚を怪我する。[verletzen]

Ich ＿＿＿＿＿ (　　　) immer das Bein.

□□□ [12] 私はいつも脚に怪我をする。[verletzen]

Ich ＿＿＿＿＿ (　　　) immer <　　　> Bein.

[12]

[11]と何が違うんだ？

□□□ [13] 彼らはルクセンブルクの歴史に興味がある。[interessieren]

Sie ＿＿＿＿＿ (　　　) <　　　> die luxemburgische Geschichte.

[13]

「自身」という意味は関係あるのかな。

□□□ [14] まだ私を覚えてる？ [erinnern]

＿＿＿＿＿ du (　　　) noch <　　　> mich?

□□□ [15] 彼女はあなたの態度に怒っているのです。[ärgern]

Sie ＿＿＿＿＿ (　　　) <　　　> Ihr Verhalten.

□□□ [16] ティナはちょっと風邪を引いている。 [erkälten]

Tina ＿＿＿＿＿ (　　　) leicht.

□□□ [17] 俺はお前の贈り物が嬉しい。[freuen]

Ich ＿＿＿＿＿ (　　　) <　　　> dein Geschenk.

□□□ [18] 俺はお前が来てくれることをすごく楽しみにしてるぜ。[freuen]

Ich ＿＿＿＿ (　　　) sehr <　　　> deinen Besuch.

[18]

[17]と動詞は同じだけど…

□□□ [19] ここの天気はすぐに変わる。[ändern]

Das Wetter hier ＿＿＿＿＿ (　　　) so schnell.

[19]

主語は「人」に限らないんだな。

□□□ [20] 自己紹介します。[vorstellen]

Ich ＿＿＿＿＿ (　　　) vor.

□□□ ㉑ 私たちの未来を想像してみて。[vorstellen]

_____ (　　　　) mal unsere Zukunft
vor!

㉑
ここも⑳と同じ動詞だ。
意味は全然違う感じだ
けど…

□□□ ㉒ 私は大聖堂を見学します。[ansehen]

Ich _____ (　　　　) den Dom an.

□□□ ㉓ 君たちは良く理解し合ってるね。[verstehen]

Ihr _____ (　　　　) ganz gut.

㉓
「自身同士」ってこと
だな。

□□□ ㉔ また会いましょうね。[wiedersehen]

Wir _____ (　　　　) wieder.

□□□ ㉕ またな！[sehen]

Man _____ (　　　　)！

Tippchen!

　再帰代名詞とは、その名のとおり「**再び帰する**」代名詞です。主語本人に再び帰する、つまり**主語自身**を表します。たとえば Peter wäscht ihn. の場合、「Peter は彼を洗っている」となりますが、その「彼」とは Peter 自身ではなく、Peter 以外の男性／男性名詞の何かということになります。そこで**再帰代名詞の出番**というわけです：Peter wäscht **sich**.

　ドイツ語には、再帰代名詞と結びついて意味を表す動詞があります。**再帰動詞**と呼ばれます。**interessiren**（興味を起こさせる）を例に取ると、Ich interessiere mich für Musik. は、「私は音楽に対して自分自身に興味を沸かせる（＝私は音楽に興味がある）」といった感じで捉えられます。とはいえ、再帰動詞は理屈で語れない部分も多いので、**共に用いられる前置詞**と合わせて、一つ一つ覚えていきましょう。

Lösung

1. Ich wasche mich.

2. Wäschst du dich?

3. Er wäscht sich.

4. Wir waschen uns.

5. Ich wasche mir die Hände.

6. Putzt du dir die Zähne?

7. Wascht ihr euch die Hände?

8. Er rasiert sich den Bart.

9. Sie wäscht sich die Haare.

10. Putzen Sie sich die Zähne!

11. Ich verletze mir immer das Bein.

12. Ich verletze mich immer am Bein.

13. Sie interessieren sich für die luxemburgische Geschichte.

14. Erinnerst du dich noch an mich?

15. Sie ärgert sich über Ihr Verhalten.

16. Tina erkältet sich leicht.

17. Ich freue mich über dein Geschenk.

18. Ich freue mich sehr auf deinen Besuch.

19. Das Wetter hier ändert sich so schnell.

20. Ich stelle mich vor.

21. Stell(e) dir mal unsere Zukunft vor!

22. Ich sehe mir den Dom an.

23. Ihr versteht euch ganz gut.

24. Wir sehen uns wieder.

25. Man sieht sich!

Lektion 20　主文と副文（並列接続詞・従属接続詞）

[　　]の動詞を参照して、複数箇所の下線部のうち、適切な箇所に動詞の定形を、
(　　)に接続詞を入れ、日本語に合うドイツ語の文を完成させてみましょう。

□□□ ① ヤンとウードは教師で京都に住んでいる。
[sein, wohnen]
Jan (　　　) Udo ＿＿＿＿＿ Lehrer (　　　)
＿＿＿＿＿ in Kyoto.

①
「教師であること」と
「京都に住んでいるこ
と」が並んで述べられ
ているな。

□□□ ② 私は大学に通って、医者になる。[gehen, werden]
Ich ＿＿＿＿＿ zur Uni (　　　) ＿＿＿＿＿
Arzt.

□□□ ③ エリカかピアがタクシーを拾う。[nehmen]
Erika (　　　) Pia ＿＿＿＿＿ ein Taxi.

□□□ ④ 君がバスに乗るか、あるいはクララが電車に乗るか。[fahren]
Du ＿＿＿＿＿ mit dem Bus (　　　) Clara
＿＿＿＿＿ mit dem Zug.

④
二つの選択可能性があ
るってことだな。

□□□ ⑤ 今日熱があるけど学校に行く。[haben, gehen]
Heute ＿＿＿＿＿ ich Fieber, (　　　)
＿＿＿＿＿ zur Schule.

□□□ ❻ 僕は彼女を愛しているが、彼女は僕を憎んでいる。
[lieben, hassen]
Ich ＿＿＿＿＿ sie, (　　　) ＿＿＿＿＿ sie
＿＿＿＿＿ mich ＿＿＿＿＿.

□□□ ❼ もし明日が雨なら、俺たちは遠足に行かない。
[regnen, machen]
Wir ＿＿＿＿＿ keinen Ausflug, (　　　)
＿＿＿＿＿ es morgen ＿＿＿＿＿.

❼
「雨が降る」が「条件」
になっているってこと
だな。

□□□ ❽ 今、風邪なのに、泳ぐの？ [sein, schwimmen]
＿＿＿＿＿ du ＿＿＿＿＿, (　　　)
＿＿＿＿＿ du jetzt erkältet ＿＿＿＿＿?

□□□ ❾ 俺は何も食べない。というのも、お腹が減っていないからだ。
[essen, haben]
Ich ＿＿＿＿＿ nichts, (　　　) ＿＿＿＿＿
ich ＿＿＿＿＿ keinen Hunger ＿＿＿＿＿.

□□□ ❿ 彼は金持ちなので車を三台買う。[sein, kaufen]
Er ＿＿＿＿＿ drei Autos, (　　　) ＿＿＿＿＿
er ＿＿＿＿＿ reich ＿＿＿＿＿.

□□□ ⑪ 私たちは、彼にお金がないことを知っています。
[haben, wissen]
Wir __________, (   ) __________ er
__________ kein Geld __________.

□□□ ⑫ 彼女が料理している間、彼はいつも新聞を読んでいる。
[kochen, lesen]
Er __________ immer eine Zeitung, (   )
__________ sie __________.

□□□ ⑬ 彼女は、料理が美味いかどうかわからない。
[schmecken, wissen]
Sie __________ nicht, (   ) __________
das Essen __________ gut __________.

□□□ ⑭ 寝る前に歯を磨きなさい。[gehen, putzen]
__________ dir die Zähne, (   ) __________
du __________ ins Bett __________!

□□□ ⑮ お前が来るなら俺は行かない。[kommen]
(   ) du __________, __________ ich
__________ nicht.

⑮

[7]と語順が違うな。

□□□ ⑯ 今日は嵐なので、人々は外出しない。[geben, ausgehen]
(   ) __________ es __________ heute
Gewitter __________, __________ die Leute
nicht __________.

□□□ ⑰ 歯が痛いときは、何も食べない方が良い。[wehtun, essen]
(   ) __________ der Zahn __________,
__________ man lieber nichts __________.

⑰

「～とき」って接続詞は二つあったような…

□□□ ⑱ 彼は、ドイツのニュースを見てドイツ語を学んでいる。
[sehen, lernen]
Er __________ Deutsch, (   ) __________ er
__________ deutsche Nachrichten __________.

⑱

「見ることによって」ってことだな。

□□□ ⑲ 彼女は良く眠るために睡眠薬を飲む。
[schlafen, nehmen]
Sie __________ ein Schlafmittel, (   )
__________ sie __________ gut __________.

□□□ ⑳ 私が戻るまでプリン食べないでね。
[zurückkommen, essen]
__________ doch bitte den Pudding nicht,
(   ) __________ ich __________!

□□□ ㉑ 彼らはもう大人なのに、いつもゲームばかりしている。
[sein, spielen]
(　　　　) ＿＿＿＿ sie schon Erwachsene ＿＿＿＿,
＿＿＿＿＿ sie ＿＿＿＿＿ immer Computerspiele.

□□□ ㉒ 彼女がドイツ語を話せるかどうかを私は知らない。
[sprechen, können, wissen]
(　　　　) ＿＿＿＿ sie ＿＿＿＿＿ Deutsch ＿＿＿＿
＿＿＿＿, ＿＿＿＿ ich nicht ＿＿＿＿.

㉒

話法の助動詞も使うっ
てことは語順はどうな
る？

□□□ ㉓ 私の知る限り、それは嘘です。[wissen, sein]
(　　　　) ＿＿＿＿＿ ich ＿＿＿＿＿,
＿＿＿＿＿ das ＿＿＿＿＿ eine Lüge.

□□□ ㉔ それが嘘であるということは真実だ。[sein]
(　　　　) das ＿＿＿＿ eine Lüge ＿＿＿＿＿,
＿＿＿＿＿ die Wahrheit ＿＿＿＿＿.

□□□ ㉕ 彼は本当のことを言うだろうか。[sagen]
(　　　　) ＿＿＿＿＿ er die Wahrheit
＿＿＿＿＿?

Tippchen!

　接続詞には、並列接続詞と従属接続詞があります。**並列接続詞**は、「選択」や「逆接」などを表し、**主文**（定動詞第2位の文）と**主文**を**接続**します。従属接続詞は、「条件」や「因果」などを表し、主文に対して副文を導きます。**副文**は、主文に**従って属する文**と考え、その文を導くのが**従属接続詞**です。従属接続詞によって導かれた副文では、**定動詞が文末**に置かれます。基本的に、**副文**というのは、それだけでは独立しにくい文と考えるとわかりやすいでしょう。たとえば、話し相手が突然、「今日は寒い**ので**」と言って話をやめたら、なんとも落ち着きませんよね。

Lösung

① Jan und Udo sind Lehrer und wohnen in Kyoto.

② Ich gehe zur Uni und werde Arzt.

③ Erika oder Pia nimmt/nehmen ein Taxi.

④ Du fährst mit dem Bus oder Clara fährt mit dem Zug.

⑤ Heute habe ich Fieber, aber gehe zur Schule.

6 Ich liebe sie, aber/doch sie hasst mich.

7 Wir machen keinen Ausflug, wenn/falls es morgen regnet.

8 Schwimmst du, obwohl/obgleich du jetzt erkältet bist?

9 Ich esse nichts, denn ich habe keinen Hunger.

10 Er kauft drei Autos, weil/da er reich ist.

⑪ Wir wissen, dass er kein Geld hat.

⑫ Er liest immer eine Zeitung, während sie kocht.

⑬ Sie weiß nicht, ob das Essen gut schmeckt.

⑭ Putz(e) dir die Zähne, bevor du ins Bett gehst!

⑮ Wenn/Falls du kommst, komme ich nicht.

16 Da/Weil es heute Gewitter gibt, gehen die Leute nicht aus.

17 Wenn/Falls der Zahn wehtut, isst man lieber nichts.

18 Er lernt Deutsch, indem er deutsche Nachrichten sieht.

19 Sie nimmt ein Schlafmittel, damit sie gut schläft.

20 Iss doch bitte den Pudding nicht, bis ich zurückkomme!

㉑ Obwohl/Obgleich sie schon Erwachsene sind, spielen sie immer Computerspiele.

㉒ Ob sie Deutsch sprechen kann, weiß ich nicht.

㉓ Soweit ich weiß, ist das eine Lüge.

㉔ Dass das eine Lüge ist, ist die Wahrheit.

㉕ Ob er die Wahrheit sagt?

［　　］の動詞を参照して、下線部に動詞の定形を、文字ヒントを参照して、
（　　）に相関接続詞か副詞を入れ、日本語に合うドイツ語の文を完成させてみ
ましょう。

□□□ ① ユルクじゃなくてディルクがミルクを飲む。[trinken]
(N　　) Jurg, (s　　) Dirk _____
Milch.

□□□ ② ユルクだけじゃなくディルクもミルクを飲む。[trinken]
(N　　) (n　　) Jurg, (s　　) (a　　)
Dirk _____ Milch.

②
_____
①と「飲む」人数が違
うんだな。

□□□ ③ 今日は雨にもかかわらず、彼らは遠足に行く。[machen]
Es regnet heute, (t　　) _____ sie
einen Ausflug.

③
_____
obwohlと何が違うん
だろう。

□□□ ④ ドイツ語かフランス語かどっちか話せる？
[sprechen, können]
_____ du (e　　) Deutsch (o　　)
Französisch _____?

□□□ ⑤ 私はドイツ語もフランス語もできない。[können]
Ich _____ (w　　) Deutsch (n　　)
Französisch.

⑤
_____
「～できない」ってこ
とは否定だけど…

□□□ ❻ ドイツ語もフランス語も学ぶの？[lernen]
_____ du (s　　) Deutsch (a　　)
(a　　) Französisch?

□□□ ❼ 君が笑ってくれるから、僕は何でもできる。
[lächeln, können]
Du lächelst für mich, (s　　) _____
ich alles.

❼
_____
因果関係ってやつだな。

□□□ ❽ 指揮者が病気なので、コンサートは中止だ。
[sein, ausfallen]
Der Dirigent _____ krank, (de　　)
_____ das Konzert _____.

❽
_____
これも因果関係か。

□□□ ❾ 僕は動物が好きなので、獣医になる。[mögen, werden]
Ich _____ Tiere, (de　　) _____
ich Tierarzt.

□□□ ❿ 電車が20分遅れるので、彼女は今日遅刻する。
[verspäten, kommen]
Der Zug _____ sich um 20 Minuten,
(da　　) _____ sie heute zu spät.

❿
_____
因果関係を表す語は
いっぱいあるんだな。

□□□ [11] マルガは、夜ご飯を食べてからシャワーを浴びる。
[essen, duschen]
Marga __________ zu Abend, (d   )
__________ sie.

□□□ [12] なるほど今日は大雪だが、電車は通常運転だ。
[schneien, fahren]
(W   ) es (a   ) stark __________,
__________ die Züge wie gewöhnlich.

□□□ [13] 彼女は痩せたいのに、いっぱいスイーツを食べる。
[abnehmen, essen]
Sie will __________, (d   ) __________
sie viel Süßigkeiten.

[13]
「d」で始まる単語が多いなあ。

□□□ [14] 早く着替えなさい、間に合わないぞ！
[umziehen, kommen]
__________ dich schnell _______, (s   )
__________ du nicht rechtzeitig!

□□□ [15] 雨がひどくて、遠足は確実に中止になる。
[regnen, ausfallen]
Es __________ stark, (s   ) (d   ) der
Ausflug sicherlich __________.

□□□ [16] 確かに彼はイケメンだが、性格が悪い。[sein, haben]
Er __________ (z   ) attraktiv, (a   )
er __________ einen hässlichen Charakter.

□□□ [17] 人間であれ、動物であれ、植物であれ、みないずれ死ぬ。
[sterben]
(O   ) Mensch, (o   ) Tier, (o   )
Pflanze, alle müssen einmal ___________.

□□□ [18] 風邪を引きたくないので、今日は早く寝ます。
[gehen, erkälten]
Ich __________ heute (de   ) früh ins Bett,
(w   ) ich mich nicht ___________ will.

□□□ [19] ゴキブリは神出鬼没だ。[sein]
Kakerlaken __________ (b   ) hier, (b   )
dort.

[19]
「ここにもあそこにも」ってことなんだろうけど、難しいなあ。

□□□ [20] 遠足が中止になるほど、今日は雨がひどい。
[regnen, ausfallen]
Es __________ heute (s   ) stark,
(d   ) der Ausflug __________.

□□□ ㉑ 学生たちは、一部は自転車で、一部は徒歩で大学に通っ
ている。[kommen]
Studenten _____ (t_____) mit dem
Rad, (t_____) zu Fuß zur Uni.

□□□ ㉒ 一方では彼女が正しいが、他方では彼を理解できる。
[haben, können]
(E_____) _____ sie recht, (a_____)
_____ ich ihn verstehen.

□□□ ㉓ 君が笑ってくれるなら、僕はなんでもやるさ。
[lächeln, tun]
(W_____) du für mich _____, (d_____)
_____ ich alles.

□□□ ㉔ 私はデンマーク語を話せますが、それほどうまくはあり
ません。[sprechen]
Ich kann Dänisch _____, (al_____)
nicht so gut.

□□□ ㉕ 我思う、ゆえに我あり。[denken, sein]
Ich _____, (a_____) _____ ich.

㉕
これは確か、哲学者デ
カルトの有名な命題だ。

Tippchen!

接続詞の一種に、**相関接続詞**と呼ばれるものがあります。相関接続詞は、並列的
であったり、従属的であったり様々ですが、特徴は、**二つ以上の単語が関係**しあっ
て、特有の意味を表すことにあります。

また、**接続詞的副詞**と呼ばれる語群は、日本語に訳した場合には接続詞と同じな
のですが、ポイントは「**副詞**」であるということです。そのため、節の冒頭に置か
れると、**定動詞がその次（定動詞第二位）**に来ます。

さらに、接続詞的副詞が使われる場合は、必ずその前に**何か引き合いに出される
事態**があります。日本語でも、突然「それにもかかわらず」などと話が始まっては
わけがわからないですよね。

Lösung

① Nicht Jurg, sondern Dirk trinkt Milch.

② Nicht nur Jurg, sondern auch Dirk trinken Milch.

③ Es regnet heute, trotzdem machen sie einen Ausflug.

④ Kannst du entweder Deutsch oder Französisch sprechen?

⑤ Ich kann weder Deutsch noch Französisch.

❻ Lernst du sowohl Deutsch als auch Französisch?

❼ Du lächelst für mich, so kann ich alles.

❽ Der Dirigent ist krank, deshalb/deswegen fällt das Konzert aus.

❾ Ich mag Tiere, deshalb/deswegen werde ich Tierarzt.

❿ Der Zug verspätet sich um 20 Minuten, daher kommt sie heute zu spät.

⑪ Marga isst zu Abend, dann/danach duscht sie.

⑫ Wenn es auch stark schneit, fahren die Züge wie gewöhnlich.

⑬ Sie will abnehmen, dennoch isst sie viel Süßigkeiten.

⑭ Zieh(e) dich schnell um, sonst kommst du nicht rechtzeitig!

⑮ Es regnet stark, so dass der Ausflug sicherlich ausfällt.

⓰ Er ist zwar attraktiv, aber er hat einen hässlichen Charakter.

⓱ Ob Mensch, ob Tier, ob Pflanze, alle müssen einmal sterben.

⓲ Ich gehe heute deshalb/deswegen früh ins Bett, weil ich mich nicht erkälten will.

⓳ Kakerlaken sind bald hier, bald dort.

⓴ Es regnet heute so stark, dass der Ausflug ausfällt.

㉑ Studenten kommen teils mit dem Rad, teils zu Fuß zur Uni.

㉒ Einerseits hat sie recht, andererseits kann ich ihn verstehen.

㉓ Wenn du für mich lächelst, dann tue ich alles.

㉔ Ich kann Dänisch sprechen, allerdings nicht so gut.

㉕ Ich denke, also bin ich. (*Descartes*)

Lektion 22　動詞の三基本形（規則変化動詞・過去形）

[　　]の不定形の動詞を参照して、下線部に動詞の過去形を入れ、日本語に合うドイツ語の文を完成させてみましょう。

□□□ ① 私は宿題をした。[machen]

Ich ＿＿＿＿＿＿ Hausaufgaben.

□□□ ② 昨日は図書館で勉強したの？[lernen]

＿＿＿＿＿＿ du gestern in der Bibliothek?

□□□ ③ 私たちはかつて愛し合っていた。[lieben]

Wir ＿＿＿＿＿＿ uns einmal.

□□□ ④ 俺たちは昨日パーティーでダンスをした。[tanzen]

Wir ＿＿＿＿＿＿ gestern in der Party.

□□□ ⑤ 君たちは当時サッカーをしていたの？[spielen]

＿＿＿＿＿＿ ihr damals Fußball?

□□□ ❻ 彼は郵便局で小包を送った。[schicken]

Er ＿＿＿＿＿＿ bei der Post ein Paket.

□□□ ❼ 彼女たちは古典音楽を聞いた。[hören]

Sie ＿＿＿＿＿＿ klassische Musik.

□□□ ❽ 生徒たちは教師に質問した。[fragen]

Die Schüler ＿＿＿＿＿＿ den Lehrer.

□□□ ❾ その画家は、彼女の肖像画を描いた。[malen]

Der Maler ＿＿＿＿＿＿ ihr Porträt.

□□□ ❿ 去年、私たちは列車で旅行した。[reisen]

Letztes Jahr ＿＿＿＿＿＿ wir mit dem Zug.

---

①

過去形は、語幹と語尾teだから…

②

主語がduってことは人称変化が必要だな。

□□□ 11 私は8時に朝食をとりました。[frühstücken]

Ich ____________ um 8 Uhr.

□□□ 12 昨日、私たちは定食を注文した。[bestellen]

Gestern ___________ wir ein Menü.

12

前つづりのbe-は分離？ 非分離？

□□□ 13 彼は3年前に車を買いました。[kaufen]

Er _________ sich vor 3 Jahren ein Auto.

□□□ 14 その女性は「はい」と言った。[sagen]

Die Frau _________ „Ja".

□□□ 15 空襲がその町を破壊した。[zerstören]

Der Luftangriff ___________ die Stadt.

□□□ 16 ブルーノはハイデルベルク大学で勉強した。[studieren]

Bruno ___________ an der Universität Heidelberg.

□□□ 17 僕の父は来る日も来る日も働いていた。[arbeiten]

Mein Vater _________ Tag für Tag.

17

語幹の最後の文字に注意！

□□□ 18 その冒険家は目の前の扉を開けた。[öffnen]

Der Abenteurer _________ die Tür vor ihm.

□□□ 19 その政治家は、非常に長い演説をした。[reden]

Der Politiker _________ sehr lang.

□□□ 20 僕の母は来る日も来る日も町でショッピングをした。[einkaufen]

Meine Mutter ____________ Tag für Tag in der Stadt ________.

□□□ ㉑ その水泳選手は深呼吸をした。[einatmen]

Die Schwimmerin ＿＿＿＿＿＿ tief ＿＿＿.

□□□ ㉒ ワーグナーは数多くのオペラを作曲した。
[komponieren]

Wagner ＿＿＿＿＿＿ viele Opern.

□□□ ㉓ 一昨日、我々は山へハイキングに行きました。
[wandern]

Vorgestern ＿＿＿＿＿＿ wir in die Berge.

㉓
＿＿＿＿＿＿
うん？　語幹が特殊な
動詞だ。

□□□ ㉔ それから、我々は湖で釣りをしました。[angeln]

Dann ＿＿＿＿＿ wir am See.

□□□ ㉕ そこで我々はずっとUFOを待っていました。[warten]

Da ＿＿＿＿＿ wir lange auf ein UFO.

Tippchen!

　動詞の**三基本形**とは、**不定詞（不定形）**、**過去基本形**、**過去分詞**の三つの動詞の
形を指します。**過去基本形**は、その不定詞の語幹に -te という語尾を付けて作ります。

　例：machen → mache~~n~~ → machte

　　　語幹　　　　　　　　　　　語尾

「過去形」ではなく、「過去**基本形**」と呼ばれるのは、この形を基本として、**過去
人称変化**をさせる必要があるため、ポイントは、**1人称単数**と**3人称単数**は**過去
基本形のまま**ということです。

　例：**ich machte**, du machtest, **er/sie/es machte**, wir machten,

　　　ihr machtet, sie/Sie machten　　※本来 wir と sie/Sie は -en

　また、現在人称変化と同じく、[t] や [d]、[ffn] など、いくつかの**語幹の語
尾に注意**しましょう。

Lösung

1. Ich machte Hausaufgaben.

2. Lerntest du gestern in der Bibliothek?

3. Wir liebten uns einmal.

4. Wir tanzten gestern in der Party.

5. Spieltet ihr damals Fußball?

6. Er schickte bei der Post ein Paket.

7. Sie hörten klassische Musik.

8. Die Schüler fragten den Lehrer.

9. Der Maler malte ihr Porträt.

10. Letztes Jahr reisten wir mit dem Zug.

11. Ich frühstückte um 8 Uhr.

12. Gestern bestellten wir ein Menü.

13. Er kaufte sich vor 3 Jahren ein Auto.

14. Die Frau sagte „Ja".

15. Der Luftangriff zerstörte die Stadt.

16. Bruno studierte an der Universität Heidelberg.

17. Mein Vater arbeitete Tag für Tag.

18. Der Abenteurer öffnete die Tür vor ihm.

19. Der Politiker redete sehr lang.

20. Meine Mutter kaufte Tag für Tag in der Stadt ein.

21. Die Schwimmerin atmete tief ein.

22. Wagner komponierte viele Opern.

23. Vorgestern wanderten wir in die Berge.

24. Dann angelten wir am See.

25. Da warteten wir lange auf ein UFO.

Lektion 23　動詞の三基本形（不規則変化動詞・過去形）

　　[　　　]の不定形の動詞を参照して、下線部に動詞の過去形を入れ、日本語に合うドイツ語の文を完成させてみましょう。

□□□ ① 彼はビールを飲んだ。[trinken]

　　Er ＿＿＿＿＿ Bier.

①
不規則な変化ってのは覚えるしかないんだよな。

□□□ ② 私は昨日街でイレーネを見た。[sehen]

　　Ich ＿＿＿＿＿ gestern in der Stadt Irene.

□□□ ③ 彼女はレストランで魚を食べた。[essen]

　　Sie ＿＿＿＿＿ im Restaurant Fisch.

□□□ ④ 昨日医者に行ったの？ [gehen]

　　＿＿＿＿＿ du gestern zum Arzt?

④
duが主語ってことは…

□□□ ⑤ 彼らは誕生日パーティーに来なかった。[kommen]

　　Sie ＿＿＿＿＿ nicht zur Geburtstagsparty.

□□□ ❻ 彼女たちは車で京都に行った。[fahren]

　　Sie ＿＿＿＿＿ mit dem Auto nach Kyoto.

□□□ ❼ 君たちは彼女に手紙を書いたの？ [schreiben]

　　＿＿＿＿＿ ihr ihr?

□□□ ❽ 彼女はその手紙を読んだ。[lesen]

　　Sie ＿＿＿＿＿ den Brief.

□□□ ❾ あなたは昨日その手紙を見つけたのですか。[finden]

　　＿＿＿＿＿ Sie gestern den Brief?

□□□ ❿ 田中家は東京に引っ越した。[umziehen]

　　Familie Tanaka ＿＿＿＿＿ nach Tokyo ＿＿＿＿.

□□□ [11] サンタクロースは彼らに彼の宝物を渡した。[geben]
Der Weihnachtsmann __________ ihnen seinen Schatz.

□□□ [12] 私の親がそのおもちゃを受け取った。[nehmen]
Meine Eltern __________ das Spielzeug.

□□□ [13] おまえは全てを手に入れた。[bekommen]
Du __________ alles.

[13]
bekommen は非分離動詞だから…

□□□ [14] 小人たちは森で彼女を助けた。[helfen]
Die Zwerge __________ ihr im Wald.

□□□ [15] 彼女は当時方言を話した。[sprechen]
Sie __________ damals Dialekt.

□□□ [16] 彼らはモミの木の下で寝た。[schlafen]
Sie __________ unter dem Tannenbaum.

□□□ [17] 私は当時いい医者を知っていました。[kennen]
Ich __________ damals einen guten Arzt.

[17]
kennen とか rennen とか、なんか特殊な動詞がいくつかあるんだよな。何が特殊だったっけ？

□□□ [18] 彼は走って銀行へ行った。[rennen]
Er __________ zur Bank.

□□□ [19] 僕は一人の女性を想った。[denken]
Ich __________ an eine Frau.

□□□ [20] 店員は私に水を持ってきた。[bringen]
Der Kellner __________ mir ein Glas Wasser.

□□□ ㉑ 彼女が歌手だとは知らなかった。[wissen]

Ich _____ nicht, dass sie Sängerin ist.

□□□ ㉒ 彼女、名前なんて言ったっけ？ [heißen]

Wie _____ sie noch?

□□□ ㉓ 当時私はまだ19歳で彼らはみな20歳だった。[sein]

Damals _____ ich noch 19 Jahre alt und
sie _____ alle 20.

㉓

sein、haben、werden
の三基本形は超大事！

□□□ ㉔ 彼は昔、ガールフレンドが多くいた。[haben]

Er _____ früher viele Freundinnen.

□□□ ㉕ ハンナは後に弁護士になった。[werden]

Hanna _____ später Rechtsanwältin.

Tippchen!

　不規則変化動詞の**過去基本形**は、不定詞とはかなり異なる形になります。たとえば trinken は trank、gehen は ging といった具合です。**過去人称変化**も忘れてはいけません。

　　例：ich ging、du gin<u>gst</u>、er/sie/es ging、wir gin<u>gen</u>、ihr gin<u>gt</u>、sie/Sie
　　　 gin<u>gen</u>

　また、不規則変化動詞のなかには、**混合変化**と呼ばれる特殊な動詞が**8つ**あります：brennen、bringen、denken、kennen、rennen、wissen、（senden、wenden）。これらの動詞は、他の不規則変化動詞と同じく**語幹が**変化するのですが、**語尾**には、規則変化動詞と同じく **-te** が付きます。

　　例：<u>bring</u>en → <u>brach</u><u>te</u>

　　　 語幹　　　　　 語尾

　不規則と**規則**が**混合**した変化というわけです。

Lösung

① Er trank Bier.

② Ich sah gestern in der Stadt Irene.

③ Sie aß im Restaurant Fisch.

④ Gingst du gestern zum Arzt?

⑤ Sie kamen nicht zur Geburtstagsparty.

❻ Sie fuhren mit dem Auto nach Kyoto.

❼ Schriebt ihr ihr?

❽ Sie las den Brief.

❾ Fanden Sie gestern den Brief?

❿ Familie Tanaka zog nach Tokyo um.

⑪ Der Weihnachtsmann gab ihnen seinen Schatz.

⑫ Meine Eltern nahmen das Spielzeug.

⑬ Du bekamst alles.

⑭ Die Zwerge halfen ihr im Wald.

⑮ Sie sprach damals Dialekt.

⓰ Sie schliefen unter dem Tannenbaum.

⓱ Ich kannte damals einen guten Arzt.

⓲ Er rannte zur Bank.

⓳ Ich dachte an eine Frau.

⓴ Der Kellner brachte mir ein Glas Wasser.

㉑ Ich wusste nicht, dass sie Sängerin ist.

㉒ Wie hieß sie noch?

㉓ Damals war ich noch 19 Jahre alt und sie waren alle 20.

㉔ Er hatte früher viele Freundinnen.

㉕ Hanna wurde später Rechtsanwältin.

Lektion 24 動詞の三基本形(規則変化動詞・現在完了形)

[   ] の不定形の動詞を参照して、(   ) に完了の助動詞を、下線部に動詞の過去分詞を入れ、日本語に合うドイツ語の文を完成させてみましょう。

□□□ ① 私はドイツ語を学んだ。[lernen]

Ich (   ) Deutsch _____.

①

完了の助動詞とか過去分詞が必要なんだよな。

□□□ ② 君はもう宿題をしたの? [machen]

(   ) du schon Hausaufgaben _____?

②

主語に合せて形が変化するのは完了の助動詞? 過去分詞?

□□□ ③ 私たちはあなたをずっと愛していました。[lieben]

Wir (   ) Sie lange _____.

□□□ ④ 昨日彼は一晩中踊っていた。[tanzen]

Gestern (   ) er den ganzen Abend

_____.

□□□ ⑤ お前たちはロックを聴いたことがあるかい? [hören]

(   ) ihr mal Rockmusik _____?

⑤

「経験」だな。

□□□ ❻ 彼女たちは昔テニスをしたことがある。[spielen]

Sie (   ) früher Tennis _____.

□□□ ❼ 生徒たちは自画像を描いた。[malen]

Die Schüler (   ) ihr Selbstporträt

_____.

□□□ ❽ 彼は昨日彼女に手紙を送った。[schicken]

Er (   ) ihr gestern einen Brief

_____.

□□□ ❾ 彼の父親は3年前に家を買った。[kaufen]

Sein Vater (   ) vor 3 Jahren ein Haus

_____.

□□□ ❿ 一昨日、彼女は僕に名前を尋ねた。[fragen]

Vorgestern (   ) sie mich nach meinem

Namen _____.

□□□ ⑪ 私は「いいえ」と言った。[sagen]

Ich (　　　　) „Nein“ __________.

□□□ ⑫ 君たちはもう朝食を済ませたの？［frühstücken］

(　　　　) ihr schon _____________?

□□□ ⑬ 僕の兄は毎日せっせと働いた。[arbeiten]

Mein Bruder (　　　　) jeden Tag sehr fleißig __________.

⑬ 語幹の文字に気をつけて。

□□□ ⑭ 私は長く日の出を待った。[warten]

Ich (　　　　) lange auf den Sonnenaufgang __________.

□□□ ⑮ 私は一度深呼吸をした。[einatmen]

Ich (　　　　) einmal tief ____________.

⑮ 分離動詞だから、過去分詞に気をつけないと。

□□□ ⑯ 私は富士山と鷹となすびの夢を見た。[träumen]

Ich (　　　　) von dem Berg Fuji, einem Falken und Auberginen ____________.

□□□ ⑰ （レストランで）何を頼んだの？［bestellen］

Was (　　　　) du ____________?

⑰ 非分離動詞だから、過去分詞に気をつけないと。

□□□ ⑱ カトリンは大学で心理学を専攻した。[studieren]

Katrin (　　　　) an der Uni Psychologie ____________.

⑱ 「-ieren」で終わる動詞も要注意。

□□□ ⑲ その教授は故郷を訪ねた。　[besuchen]

Die Professorin (　　　　) ihre Heimat ____________.

□□□ ⑳ 誰がその曲を作曲したのですか。[komponieren]

Wer (　　　　) das Lied _____________?

□□□ ㉑ 私の姉はワンピースを試着した。[probieren]
Meine Schwester (　　　　　) ein Kleid
＿＿＿＿＿＿.

□□□ ㉒ 文明が自然を破壊した。[zerstören]
Die Zivilisation (　　　　　) die Natur
＿＿＿＿＿＿.

□□□ ㉓ 昨日、彼らは旅行の準備をした。[vorbereiten]
Gestern (　　　　　) sie eine Reise ＿＿＿＿＿＿.

㉓
＿＿＿＿＿＿
この動詞も確か分離動詞だったよなあ。

□□□ ㉔ 今日、彼らは世界中を旅した。[reisen]
Heute (　　　　　) sie durch die ganze Welt
＿＿＿＿＿＿.

□□□ ㉕ 一昨日、彼らは町なかをぶらついた。[wandern]
Vorgestern (　　　　　) sie durch die Stadt
＿＿＿＿＿＿.

Tippchen!

過去分詞は、完了文を作るときに必要となります。**規則変化動詞**の過去分詞は、語幹を **ge-** と **-t** で挟んで作ります。

例：<u>spiel</u>en → **ge**<u>spiel</u>**t**

語幹

そのうえで、**完了文**は、**完了の助動詞 haben/sein** と**過去分詞**の**枠構造**で表します。

例：Ich **habe** gestern mit Freunden Tennis **gespielt**.

完了助動詞 ——————— 枠 ——————— 過去分詞

完了の助動詞が人称変化した形となるため、完了文では**動詞 haben と sein の人称変化**を覚えておくことが必須です。では、**haben と sein の使い分け**は？それは次の課で。

Lösung

① Ich habe Deutsch gelernt.

② Hast du schon Hausaufgaben gemacht?

③ Wir haben Sie lange geliebt.

④ Gestern hat er den ganzen Abend getanzt.

⑤ Habt ihr mal Rockmusik gehört?

❻ Sie haben früher Tennis gespielt.

❼ Die Schüler haben ihr Selbstporträt gemalt.

❽ Er hat ihr gestern einen Brief geschickt.

❾ Sein Vater hat vor 3 Jahren ein Haus gekauft.

❿ Vorgestern hat sie mich nach meinem Namen gefragt.

⑪ Ich habe „Nein" gesagt.

⑫ Habt ihr schon gefrühstückt?

⑬ Mein Bruder hat jeden Tag sehr fleißig gearbeitet.

⑭ Ich habe lange auf den Sonnenaufgang gewartet.

⑮ Ich habe einmal tief eingeatmet.

⓰ Ich habe von dem Berg Fuji, einem Falken und Auberginen geträumt.

⓱ Was hast du bestellt?

⓲ Katrin hat an der Uni Psychologie studiert.

⓳ Die Professorin hat ihre Heimat besucht.

⓴ Wer hat das Lied komponiert?

㉑ Meine Schwester hat ein Kleid probiert.

㉒ Die Zivilisation hat die Natur zerstört.

㉓ Gestern haben sie eine Reise vorbereitet.

㉔ Heute sind sie durch die ganze Welt gereist.

㉕ Vorgestern sind sie durch die Stadt gewandert.

Lektion 25　動詞の三基本形（不規則変化動詞・現在完了形）

[　　　] の不定形の動詞を参照して、（　　　）に完了の助動詞を、<u>下線部</u>に動詞
の過去分詞を入れ、日本語に合うドイツ語の文を完成させてみましょう。

□□□ ① 彼は一缶のコーラを飲んだ。[trinken]

　　　Er (　　　　) eine Dose Cola ＿＿＿＿＿.

□□□ ② サラをどこで見たの？ [sehen]

　　　Wo (　　　　) du Sarah ＿＿＿＿＿?

□□□ ③ 誰がこの手紙を書いたんだい？ [schreiben]

　　　Wer (　　　　) diesen Brief ＿＿＿＿＿?

③
「飲む」、「見る」、「書
く」って、日常生活に
密着した動詞が多いん
だな。

□□□ ④ 私たちは居酒屋でフライドポテトを食べた。[essen]

　　　Wir (　　　　) in einer Kneipe Pommes frites

　　　＿＿＿＿＿.

□□□ ⑤ 警察はその事件の証拠を見つけた。[finden]

　　　Die Polizei (　　　　) den Beweis des Falles

□□□ ❻ 私は今日カフカを読みました。[lesen]

　　　Ich (　　　　) heute Kafka ＿＿＿＿＿.

□□□ ❼ 彼は彼女に婚約指輪を渡した。[geben]

　　　Er (　　　　) ihr einen Verlobungsring

　　　＿＿＿＿＿.

❼
うん？　なんかほとん
ど形が変わらないのも
あるみたいだな。

□□□ ❽ 私たちは彼らにお金をくれと頼んだ。[bitten]

　　　Wir (　　　　) sie um Geld ＿＿＿＿＿.

□□□ ❾ 彼女は急いでタクシーを拾った。[nehmen]

　　　Sie (　　　　) eilig ein Taxi ＿＿＿＿＿.

❾
nehmen は、現在形で
も過去形でも、とにか
く要注意動詞！

□□□ ❿ その運転手は彼女と私の話をした。[sprechen]

　　　Der Fahrer (　　　　) mit ihr von mir

　　　＿＿＿＿＿.

□□□ ⑪ 彼は、姫と一緒に寝た。[schlafen]
Er (　　　) zusammen mit der Prinzessin
__________.

□□□ ⑫ 王子はお城で小人たちを助けた。[helfen]
Der Prinz (　　　) im Schloss den Zwergen
__________.

⑫
うん？「e」が「o」になるのって他にもあるような…

□□□ ⑬ 小人たちは勲章をもらった。[bekommen]
Alle Zwerge (　　　) Orden __________.

□□□ ⑭ 君は何も知らなかったの？ [wissen]
(　　　) du nichts __________?

□□□ ⑮ 君はどういう考えだったの？ [denken]
Was (　　　) du __________?

□□□ 16 佐藤さんはビールを一缶持ってきた。 [mitbringen]
Herr Sato (　　　) eine Dose Bier
__________.

□□□ 17 彼女はもう就寝しました。[gehen]
Sie (　　　) schon ins Bett __________.

17
「行く」って動詞は「移動」を表すから、確か何かを気をつけないと。

□□□ 18 私の父はバスで市役所に行った。[fahren]
Mein Vater (　　　) mit dem Bus zum
Rathaus __________.

□□□ 19 君たちはいつ引っ越したの？ [umziehen]
Wann (　　　) ihr __________?

□□□ 20 電車は時間通りに京都に到着した。[ankommen]
Der Zug (　　　) pünktlich in Kyoto
__________.

□□□ ㉑ 僕たちは授業中に眠り込んだ。[einschlafen]

Wir (   ) während des Unterrichts

_____.

㉑

「眠っている」じゃないのがポイントだな。「起きている」状態から「眠っている」状態に変化するって動詞だ。

□□□ ㉒ 君は、そこでただ立ち尽くしていたの？［bleiben］

(   ) du da nur stehen _____?

□□□ ㉓ 私は自宅で一匹の犬を飼っていた。[haben]

Ich (   ) zu Hause einen Hund

_____.

□□□ ㉔ いったいどこにいたんだい？［sein］

Wo (   ) du denn _____?

□□□ ㉕ アメーリエは後に歌手になった。[werden]

Amelie (   ) später Sängerin _____.

Tippchen!

不規則変化動詞の**過去分詞**は、語幹を **ge-** と **-en** で挟んで作ります。

例：gehen → **ge**gang**en**

    語幹

とはいえ、例のとおり、そもそも**語幹自体も形が変わる**ので、結局は暗記するしかありません。ベタですが、**三基本形を口に出して覚える**のが一番だと思います。

    gehen ging gegangen ♪　essen aß gegessen ♪

また、ドイツ語の**完了の助動詞**は、**基本的には haben** なのですが、**自動詞**（＝4格目的語を取らない動詞）**のうち、次のような意味を表す動詞**では **sein** となります：

・**移動**を表す：gehen（行く）、kommen（来る）など

・**状態の変化**を表す：sterben（死ぬ）、aufstehen（起床する）など

・**例外**：sein（〜である）、bleiben（とどまる）など

Lösung

1. Er hat eine Dose Cola getrunken.

2. Wo hast du Sarah gesehen?

3. Wer hat diesen Brief geschrieben?

4. Wir haben in einer Kneipe Pommes frites gegessen.

5. Die Polizei hat den Beweis des Falles gefunden.

6. Ich habe heute Kafka gelesen.

7. Er hat ihr einen Verlobungsring gegeben.

8. Wir haben sie um Geld gebeten.

9. Sie hat eilig ein Taxi genommen.

10. Der Fahrer hat mit ihr von mir gesprochen.

11. Er hat zusammen mit der Prinzessin geschlafen.

12. Der Prinz hat im Schloss den Zwergen geholfen.

13. Alle Zwerge haben Orden bekommen.

14. Hast du nichts gewusst?

15. Was hast du gedacht?

16. Herr Sato hat eine Dose Bier mitgebracht.

17. Sie ist schon ins Bett gegangen.

18. Mein Vater ist mit dem Bus zum Rathaus gefahren.

19. Wann seid ihr umgezogen?

20. Der Zug ist pünktlich in Kyoto angekommen.

21. Wir sind während des Unterrichts eingeschlafen.

22. Bist du da nur stehen geblieben?

23. Ich habe zu Hause einen Hund gehabt.

24. Wo bist du denn gewesen?

25. Amelie ist später Sängerin geworden.

［　　　］の不定形の動詞を参照して、下線部に適切な動詞の過去形あるいは不定形を入れ、日本語に合うドイツ語の文を完成させてみましょう。

□□□ ① 俺は宿題をしなきゃならなかった。［ machen, müssen ］

Ich ＿＿＿＿＿ Hausaufgaben ＿＿＿＿＿.

① まずは、話法の助動詞を使うときの構造を思い出さなきゃ。

□□□ ② 彼女は昨日その本を読まなければならなかった。
［ lesen, müssen ］

Sie ＿＿＿＿＿ gestern das Buch ＿＿＿＿＿.

□□□ ③ 今日郵便局に行かないと駄目だったの？
［ gehen, müssen ］

＿＿＿＿＿ du heute zur Post ＿＿＿＿＿?

③ 過去人称変化に気をつけないと。

□□□ ④ 昔、ピアノが弾けたのですか。［ spielen, können ］

＿＿＿＿＿ Sie früher Klavier ＿＿＿＿＿?

□□□ ⑤ 昨晩どこに行こうとしてたの？［ fahren, wollen ］

Wohin ＿＿＿＿＿ du gestern Abend
＿＿＿＿＿?

□□□ ❻ 我々は試験のために辞書を買わざるを得なかった。
［ kaufen, müssen ］

Wir ＿＿＿＿＿ wegen der Prüfung ein
Wörterbuch ＿＿＿＿＿.

❻ 「必然」ってことかな。

□□□ ❼ そのバスに間に合ったの？［ erreichen, können ］

＿＿＿＿＿ du den Bus ＿＿＿＿＿?

□□□ ❽ それに対しては、もはや何もできなかった。
［ machen, können ］

Dagegen ＿＿＿＿＿ man nichts mehr ＿＿＿＿＿.

❽ manってなんだったっけ？

□□□ ❾ お前たちは雄猫を飼いたかったのかい？［ haben, wollen ］

＿＿＿＿＿ ihr einen Kater ＿＿＿＿＿?

□□□ ❿ 彼らはかつてラテン語を話せた。［ sprechen, können ］

Sie ＿＿＿＿＿ einmal Latein ＿＿＿＿＿.

□□□ 11 我らはみな敵と戦う気だった。[kämpfen, wollen]
Wir alle __________ gegen den Feind __________.

□□□ 12 君たちは静かにしてなきゃ駄目だったんだ。[bleiben, müssen]
Ihr __________ ruhig __________.

□□□ 13 昔はここでタバコを吸っても大丈夫だった。[rauchen, dürfen]
Früher __________ man hier __________.

□□□ 14 昨日はテレビを見られたの？ [fernsehen, können]
__________ ihr gestern __________?

□□□ 15 本来君は彼に挨拶すべきだった。[grüßen, sollen]
Eigentlich __________ du ihn __________.

□□□ 16 彼女たちはそのパーティーに参加するつもりだった。[teilnehmen, wollen]
Sie __________ an der Party __________.

□□□ 17 彼はフランス語ができなかった。[können]
Er __________ kein Französisch.

□□□ 18 クリストフと私は一緒に歌えた。[singen, können]
Christof und ich __________ zusammen __________.

□□□ 19 三日前は、彼女らは映画に行ってよかった。[dürfen]
Vor drei Tagen __________ sie ins Kino.

□□□ 20 彼はドイツに行くつもりだった。[fahren, wollen]
Er __________ nach Deutschland __________.

11 「〜するつもり」と一緒だな。

13 「許可」があったってことか。

17 本動詞としての使い方だ。

□□□ ㉑ なんで僕がそれをしなきゃならなかったの？〔sollen〕

Warum _____ ich das?

㉑

sollenでも、「義務」が
表されたりするんだな。
müssenと何がちがう
んだろう…

□□□ ㉒ 俺は医者になりたかった。〔werden, wollen〕

Ich _____ Arzt _____ .

㉒

「～したい」はmöchte
だったはずだけど…
あっ、möchteに過去
形はないか。

□□□ ㉓ 彼は死ぬ運命だった。〔sterben, müssen〕

Er _____ _____ .

□□□ ㉔ お刺身は大丈夫だった？〔essen, können〕

_____ ihr rohen Fisch _____ ?

□□□ ㉕ 私は貴方が好きでした。〔mögen〕

Ich _____ Sie.

Tippchen!

　話法の助動詞にも**過去形**と**過去分詞**があります。しかし、他の動詞と異なり、書きことばであれ話しことばであれ、過去のことを表す場合は**主に過去形**が使われます。現在形と同じく、話法の助動詞の**人称変化**は**１人称単数と３人称単数が同じ形**となり、文末に置かれる**本動詞の不定形**と結びついて**枠構造**を作ることも同様です。ということで、なにより**過去基本形**を覚えましょう。

Lösung

1. Ich musste Hausaufgaben machen.

2. Sie musste gestern das Buch lesen.

3. Musstest du heute zur Post gehen?

4. Konnten Sie früher Klavier spielen?

5. Wohin wolltest du gestern Abend fahren?

6. Wir mussten wegen der Prüfung ein Wörterbuch kaufen.

7. Konntest du den Bus erreichen?

8. Dagegen konnte man nichts mehr machen.

9. Wolltet ihr einen Kater haben?

10. Sie konnten einmal Latein sprechen.

11. Wir alle wollten gegen den Feind kämpfen.

12. Ihr musstet ruhig bleiben.

13. Früher durfte man hier rauchen.

14. Konntet ihr gestern fernsehen?

15. Eigentlich solltest du ihn grüßen.

16. Sie wollten an der Party teilnehmen.

17. Er konnte kein Französisch.

18. Christof und ich konnten zusammen singen.

19. Vor drei Tagen durften sie ins Kino.

20. Er wollte nach Deutschland fahren.

21. Warum sollte ich das?

22. Ich wollte Arzt werden.

23. Er musste sterben.

24. Konntet ihr rohen Fisch essen?

25. Ich mochte Sie.

[　　　] の不定形の動詞を参照して、（　　　）に完了の助動詞を、下線部に動詞の過去分詞あるいは不定形を入れ、日本語に合うドイツ語の文を完成させてみましょう。

□□□ ① 私はドイツ語を学ぶことができた。[lernen, können]

Ich （　　　　　） Deutsch ＿＿＿＿ ＿＿＿＿ .

①

話法の助動詞の過去分詞ってどんなんだったっけ？

□□□ ② 僕は宿題をしなければいけなかった。
[machen, müssen]
Ich （　　　　） Hausaufgaben ＿＿＿＿＿
＿＿＿＿＿ .

□□□ ③ 昔、料理を作れたのですか。[kochen, können]

（　　　　　） Sie früher ＿＿＿＿＿ ＿＿＿＿＿ ?

□□□ ④ 彼女は昨日彼に会わなければならなかった。
[treffen, müssen]
Sie （　　　） ihn gestern ＿＿＿＿＿ ＿＿＿＿ .

□□□ ⑤ 僕らは昨日その宿題をしようとしていた。
[machen, wollen]
Wir （　　　　） gestern die Hausaufgaben
＿＿＿＿＿ ＿＿＿＿＿ .

□□□ ❻ 俺は残念ながら医者に行かなければならなかった。
[müssen]
Ich （　　　　） leider zum Arzt ＿＿＿＿＿ .

❻

あれっ、下線の数が足りないんじゃ…

□□□ ❼ その時医者は、患者を往診しないと駄目だった。
[besuchen, müssen]
Da （　　　　） der Arzt einen Kranken
＿＿＿＿＿ ＿＿＿＿＿ .

□□□ ❽ あの頃はまだお酒が飲めた。[trinken, können]
Damals （　　　　） ich noch Alkohol
＿＿＿＿＿ ＿＿＿＿＿ .

□□□ ❾ 昨日は君たちは学校に行かなければならなかった。
[gehen, müssen]
Gestern （　　　　） ihr in die Schule
＿＿＿＿＿ ＿＿＿＿＿ .

□□□ ❿ 一年前はもっとうまく英語ができたの？ [können]
（　　　　） du vor einem Jahr noch besser
Englisch ＿＿＿＿＿ ?

❿

あれっ、これも下線の数が少ない…

□□□ 11 大学で社会学を勉強できたのかい？
[studieren, können]
(　　　　　) ihr an der Uni Soziologie
__________ __________?

□□□ 12 我々はその会議に出席するつもりでした。
[teilnehmen, wollen]
Wir (　　　　　) an der Sitzung __________
__________.

12
分離動詞だけど…

□□□ 13 彼らはもう働らかなくてよかった。
[arbeiten, müssen]
Sie (　　　　　) nicht mehr __________
__________.

13
義務がなかったってことか。

□□□ 14 わいはどうしてもプロになりたかったんや！
[werden, wollen]
Ich (　　　　　) unbedingt Profi __________
__________!

□□□ 15 我々は彼女に謝らなければならなかった。
[entschuldigen, müssen]
Wir (　　　　　) uns bei ihr __________
__________.

□□□ 16 すぐに帰宅しなきゃならなかった。[müssen]
Ich (　　　　　) gleich nach Hause __________.

□□□ 17 あの日私とダンスをしたかったのですか。
[tanzen, wollen]
(　　　　　) Sie an dem Tag mit mir __________
__________?

17
「禁止」ってことだから、言い換えれば「許可」を与えないってことだったな。

□□□ 18 納豆は彼女は食べられた。[essen, können]
Natto (　　　　　) sie __________ __________.

□□□ 19 彼は去年スペインに行きたがっていた。
[fliegen, wollen]
Er (　　　　　) letztes Jahr nach Spanien
__________ __________.

□□□ 20 その箱をあけてよかったの？ [aufmachen, dürfen]
(　　　　　) du die Büchse __________
__________?

□□□ ㉑ 当時はまだ彼女は楽譜が読めた。[lesen, können]
Damals (   ) sie noch Noten _____
_____.

□□□ ㉒ その工事現場は立ち入り禁止だった。
[betreten, dürfen]
Man (   ) die Baustelle nicht _____
_____.

□□□ ㉓ 私はなんでもできた。[können]
Ich (   ) alles _____.

□□□ ㉔ それを私は望んだ。[wollen]
Das (   ) ich _____.

□□□ ㉕ 私は寿司が好きだった。[mögen]
Ich (   ) Sushi _____.

㉕

なるほど、下線の数が
少ないってのは、本動
詞としての使用ってこ
とか。

Tippchen!

　話法の助動詞の**過去分詞**は**2種類**あります。なぜなら、助動詞としての使用と本
動詞としての使用があるためです。

　　例：[**助動詞**として] Ich habe Deutsch sprechen **können**.

　　　　[**本動詞**として] Ich habe Deutsch **gekonnt**.

　例でわかるとおり、助動詞としての使用での過去分詞は**不定形と同じ形**です。ま
た、助動詞か本動詞かにかかわらず、話法の助動詞を伴う**完了形の文**では、必ず**完
了の助動詞**が haben になります。本動詞として用いられたときの話法の助動詞が
他動詞であることに依ります。ちなみに、単に過去のことを表す場合、können と
müssen 以外、話法の助動詞での完了形はほとんど使われません。

Lösung

1. Ich habe Deutsch lernen können.

2. Ich habe Hausaufgaben machen müssen.

3. Haben Sie früher kochen können?

4. Sie hat ihn gestern treffen müssen.

5. Wir haben gestern die Hausaufgaben machen wollen.

6. Ich habe leider zum Arzt gemusst.

7. Da hat der Arzt einen Kranken besuchen müssen.

8. Damals habe ich noch Alkohol trinken können.

9. Gestern habt ihr in die Schule gehen müssen.

10. Hast du vor einem Jahr noch besser Englisch gekonnt?

11. Habt ihr an der Uni Soziologie studieren können?

12. Wir haben an der Sitzung teilnehmen wollen.

13. Sie haben nicht mehr arbeiten müssen.

14. Ich habe unbedingt Profi werden wollen!

15. Wir haben uns bei ihr entschuldigen müssen.

16. Ich habe gleich nach Hause gemusst.

17. Haben Sie an dem Tag mit mir tanzen wollen?

18. Natto hat sie essen können.

19. Er hat letztes Jahr nach Spanien fliegen wollen.

20. Hast du die Büchse aufmachen dürfen?

21. Damals hat sie noch Noten lesen können.

22. Man hat die Baustelle nicht betreten dürfen.

23. Ich habe alles gekonnt.

24. Das habe ich gewollt.

25. Ich habe Sushi gemocht.

Lektion 28　zu 不定詞

　　[　　] の定形（三人称単数）の動詞を参照して、下線部に動詞の適切な形あるいはzu不定詞を、また（　　）にum、ohne、(an)stattのいずれかを入れ、日本語に合うドイツ語の文を完成させてみましょう。

□□□ ① ドイツ語を学ぶのは面白い。[lernt, ist]

　　Es _____ interessant, Deutsch _____.

①
「学ぶこと」ってところをzu不定詞にするんだよな。

□□□ ② この問題を解決するのは難しい。[löst, ist]

　　Dieses Problem _____ _____ schwer.

②
あれっ、コンマは要らない？

□□□ ③ ドイツ語を学ぶのは楽しい。[lernt, macht]

　　Deutsch _____ _____ mir Spaß.

□□□ ④ ボールペンで書くのは嫌いだ。[schreibt, hasst]

　　Ich _____ es, mit dem Kuli _____.

□□□ ⑤ 今日私と映画に行く気はございますか。[geht, hat]

　　_____ Sie Lust, heute mit mir ins Kino
　　_____?

□□□ ❻ 今日、映画を見る時間ある？ [sieht, hat]

　　_____ du heute Zeit, einen Film _____?

□□□ ❼ 彼らはドイツに行くために毎日働いている。
　　[fährt, arbeitet]
　　Sie _____ jeden Tag, (　　　) nach
　　Deutschland _____.

❼
「〜のため」ってことは？

□□□ ❽ 君たちは、町で一緒にショッピングする時間とその気ある？
　　[kauft ... ein, hat]
　　_____ ihr Zeit und Lust, zusammen in
　　der Stadt _____?

□□□ ❾ ギターを弾けるのはすごい。[spielt, kann, ist]
　　Gitarre _____ _____ _____
　　klasse.

❾
話法の助動詞があるってことは…

□□□ ❿ 一人でショッピングに行く気ないの？ [geht, hat]
　　_____ du keine Lust, allein in die Stadt
　　einkaufen _____?

□□□ ⑪ アグネスは、彼とまた偶然出会うことを望んでいる。
[begegnet, hofft]
Agnes __________, ihm wieder __________.

□□□ ⑫ 雪が降り始めた。[schneit, beginnt]
Es __________ __________.

> ⑫
> あれっ、コンマはなくていいのか。

□□□ ⑬ お前は料理をしなくていい。[kocht, braucht]
Du __________ nicht __________.

> ⑬
> 「料理をすること」は不要であるってことだな。

□□□ ⑭ お会いできて嬉しいです。(=はじめまして)
[lernt ... kennen, freut]
Es __________ mich, Sie __________.

□□□ ⑮ 毎晩外食することは、私には容易いことではなかった。
[isst, ist]
Jeden Abend außer Haus __________
__________ für mich nicht leicht.

□□□ ⑯ 君たちは、彼女に謝ることを忘れてはいけない。
[entschuldigt, vergisst, darf]
Ihr __________ nicht __________, euch bei ihr
__________.

□□□ ⑰ その学生は、いつもノックをせずに部屋に入ってくる。
[klopft, kommt]
Der Student __________ immer ins Zimmer,
(   ) an die Tür __________.

□□□ ⑱ 自宅から徒歩はあまりに時間がかかりすぎる。
[geht, dauert]
Von zu Hause zu Fuß __________ __________
zu lang.

> ⑱
> zuがいっぱい！

□□□ ⑲ 彼は禁煙した。[hört ... auf, raucht]
Er __________ auf __________.

> ⑲
> 分離の前つづりは一番最後じゃないんだな。

□□□ ⑳ 私は彼に、そのファイルを私にすぐメールで送るよう頼んだ。[mailt, bittet]
Ich __________ ihn, mir sofort die Datei
__________.

□□□ ㉑ 彼らはその政治家に賛同しているようだった。
[stimmt ... zu, scheint]
Sie _____ dem Politiker _____.

□□□ ㉒ テレビを見るために、リビングに行った。
[sieht ... fern, geht]
(　　　　) _____, _____ ich ins
Wohnzimmer.

□□□ ㉓ 僕たちは、ブラジルに行けることを楽しみにしていました。
[fährt, kann, freut]
Wir _____ uns darauf, nach Brasilien
_____ _____.

□□□ ㉔ 彼はいつも、薬を飲む代わりに一口ウィスキーを飲む。
[nimmt ... ein, nimmt]
Er _____ immer ein Schluck Whiskey,
(　　　　) Tabletten _____.

□□□ ㉕ イーナは、昨日病気だったと主張している。
[ist, behauptet]
Ina _____, gestern krank _____
_____.

㉕
「病気だったこと」を
主張しているわけか。

Tippchen!

　zu 不定詞は動詞の不定形の一つです。基本的に、日本語の「〜すること」を意味し、Deutsch zu lernen ist interessant. のように文の主語などを表す**名詞的用法**のほかに、例のように名詞を修飾する**形容詞的用法**(付加語的用法)があります。

　　例：Ich habe jeden Tag **Zeit**, **Deutsch zu lernen**.

<u>　　　　　　　　　　　　修飾</u>

　さらに、動詞の内容を限定する**副詞的用法**として、um、ohne、[an] statt という三種類の前置詞とのコンビネーションがあります。それぞれ「**〜するために**」、「**〜することなく**」、「**〜する代わりに**」という特有の意味を表します。

　　例：Ich **fahre** nach Deutschland, **um Deutsch zu lernen**.

<u>　　　　　　　　　　　　限定</u>

Lösung

①　Es ist interessant, Deutsch zu lernen.

②　Dieses Problem zu lösen ist schwer.

③　Deutsch zu lernen macht mir Spaß.

④　Ich hasse es, mit dem Kuli zu schreiben.

⑤　Haben Sie Lust, heute mit mir ins Kino zu gehen?

❻　Hast du heute Zeit, einen Film zu sehen?

❼　Sie arbeiten jeden Tag, um nach Deutschland zu fahren.

❽　Habt ihr Zeit und Lust, zusammen in der Stadt einzukaufen?

❾　Gitarre spielen zu können ist klasse.

❿　Hast du keine Lust, allein in die Stadt einkaufen zu gehen?

⑪　Agnes hofft, ihm wieder zu begegnen.

⑫　Es begann zu schneien.

⑬　Du brauchst nicht zu kochen.

⑭　Es freut mich, Sie kennenzulernen.

⑮　Jeden Abend außer Haus zu essen war für mich nicht leicht.

⓰　Ihr dürft nicht vergessen, euch bei ihr zu entschuldigen.

⓱　Der Student kommt immer ins Zimmer, ohne an die Tür zu klopfen.

⓲　Von zu Hause zu Fuß zu gehen dauert zu lang.

⓳　Er hörte auf zu rauchen.

⓴　Ich bat ihn, mir sofort die Datei zu mailen.

㉑　Sie schienen dem Politiker zuzustimmen.

㉒　Um fernzusehen, ging ich ins Wohnzimmer.

㉓　Wir freuten uns darauf, nach Brasilien fahren zu können.

㉔　Er nimmt immer ein Schluck Whiskey, (an)statt Tabletten einzunehmen.

㉕　Ina behauptet, gestern krank gewesen zu sein.

[　　] の動詞を参照して、複数箇所の下線部のうち、適切な箇所に動詞の適切な形を、（　　　）に定関係代名詞を入れ、日本語に合うドイツ語の文を完成させてみましょう。※過去については完了形で。

□□□ ① 言語学を専攻しているその学生はアドルフといいます。
[studieren, heißen]
Der Student, (　　　　) _____ Linguistik _____, _____ Adolf.

① 定関係代名詞って、指示代名詞にそっくりだったな。指示代名詞ってどんなだっけ？

□□□ ② アドルフというその学生は言語学を専攻しています。
[heißen, studieren]
Der Student, (　　　　) _____ Adolf _____, _____ Linguistik.

□□□ ③ ベルリン在住のその学生は、焼きソーセージが好きだ。
[wohnen, mögen]
Die Studentin, (　　　　) _____ in Berlin _____, _____ Bratwurst.

□□□ ④ 机の上にあるその本はつまらない。[liegen, sein]
Das Buch, (　　　　) _____ auf dem Tisch _____, _____ langweilig.

□□□ ⑤ いつも先生が褒めるその生徒は熱心に勉強している。
[loben, lernen]
Der Schüler, (　　　　) _____ der Lehrer immer _____, _____ fleißig.

⑤ 先生「が」その生徒「を」褒めるってことは…

□□□ ❻ 彼が愛するその女性は彼が嫌いだ。[lieben, hassen]
Die Frau, (　　　　) _____ er _____, _____ ihn.

□□□ ❼ その子供は、私がいつも買うおもちゃを知っている。
[kaufen, kennen]
Das Kind _____ das Spielzeug, (　　　　) _____ ich immer _____.

□□□ ❽ その政治家は、ポツダムで暮らしている人々に手紙を書く。
[leben, schreiben]
Der Politiker _____ den Leuten, (　　　　) _____ in Potsdam _____.

□□□ ❾ 彼女が経済的に援助しているその男性は私の兄です。
[helfen, sein]
Der Mann, (　　　　) sie finanziell _____, _____ mein Bruder _____.

❾ helfen は何格を取るんだったっけ？

□□□ ❿ その少年がバラをあげたその少女はとても悲しそうだ。
[geben, aussehen]
Das Mädchen, (　　　　) _____ der Junge eine Rose _____, _____ sehr traurig _____.

□□□ ⑪ 私が昨日買った棚はもう壊れてしまった。［kaufen, kaputtgehen］
Der Schrank, (　　　) ________ ich gestern ________ ________, ________ schon ________.

□□□ ⑫ 父親が医者のその女性は弁護士だ。［sein, sein］
Die Frau, (　　　) Vater ________ Arzt ________, ________ Rechtsanwältin.

⑫
この日本語、なんか難しい。その女性「の」父親が医者ってことだな。

□□□ ⑬ 僕たち全員が買わなければならないそれらの本を、僕は読みたくない。［kaufen, sollen, lesen, wollen］
Ich ________ die Bücher, (　　　) wir alle ________ ________, nicht ________.

□□□ ⑭ 私を助けてくれた母親の息子は、今20歳です。［helfen, sein］
Der Sohn, (　　　) ________ Mutter mir ________ ________, ________ jetzt 20 Jahre alt.

⑭
ええっと、息子「の」母親だから…

□□□ ⑮ 妻は私が薦めた料理本を捨てた。［empfehlen, wegwerfen］
Meine Frau ________ das Kochbuch ________, (　　　) ich ihr ________ ________.

⑮
うん？ 定関係代名詞って、必ず先行詞の直後ってわけでもないんだな。

□□□ 16 私が昨日偶然出会った人々はドイツ語が話せる。［begegnen, sprechen, können］
Die Leute, (　　　) ich gestern ________ ________, ________ Deutsch ________.

□□□ 17 彼が手紙を受け取った女性が、君の後ろに立っている。［bekommen, stehen］
Die Frau, von (　　　) er einen Brief ________, ________ hinter dir.

17
変な日本語…。彼は女性「から」手紙を受け取ったってことか。

□□□ 18 それは、私の姉が身を寄せる叔父だ。［wohnen, sein］
Das ________ der Onkel, bei (　　　) ________ meine Schwester ________.

18
「身を寄せる」ってのが「bei」だったよな。

□□□ 19 私が昨日一緒にいた男たちが犯人だ。［sein, sein］
Die Männer, mit (　　　) ich gestern ________, ________ Täter ________.

□□□ 20 彼女は彼がくれた指輪を引き出しにしまった。［schenken, legen］
Sie ________ den Ring in die Schublade, (　　　) ihr ihr Freund ________ ________.

□□□ 21 僕が昨日会った人たちは僕の親戚だ。[treffen, sein]
Die Leute, mit (   ) ich mich gestern
_____ _____, _____ meine
Verwandten.

□□□ 22 いつもとても優しい彼が、昨日激怒した。[sein, geraten]
Er, (   ) immer so nett _____,
_____ gestern in Wut _____.

22
人称代名詞も先行詞に
なるのか。

□□□ 23 隣の客はよく柿を食う。[sein, essen]
Der Gast, (   ) neben mir _____,
_____ viele Kakifrüchte.

□□□ 24 それは私が立て掛けた竹垣です。[anlehnen, sein]
Das _____ ein Bambuszaun, an (   )
ich Bambus _____ _____.

□□□ 25 これは引き抜きにくい釘だ。
[herausziehen, können, sein]
Das _____ ein Nagel, (   ) man nicht
leicht _____ _____.

Tippchen!

関係文は、**定関係代名詞**、**不定関係代名詞**、**関係副詞**によって導かれます。定関係代名詞は主文内に**先行詞**を必要とします。そして、先行詞から**「性」**と**「数」**の情報を受け取ります。

例：Er ist　Student,　　<u>dem</u>　　Peter　<u>hilft</u>.

　　　　　先行詞　　　定関係代名詞　　　3格支配動詞

　　（男性・単数）　　（男性・単数・3格）

定関係代名詞は従属接続詞と同じ機能を担うため、それによって導かれた**関係文**は**従属文（副文）**となります。そのため、副文内の**定動詞**が**後置**されることに注意しましょう。そのうえで、定関係代名詞の**「格」**は関係文の中の文法的な役割によって決まります。

Lösung

---

1. Der Student, der Linguistik studiert, heißt Adolf.

2. Der Student, der Adolf heißt, studiert Linguistik.

3. Die Studentin, die in Berlin wohnt, mag Bratwurst.

4. Das Buch, das auf dem Tisch liegt, ist langweilig.

5. Der Schüler, den der Lehrer immer lobt, lernt fleißig.

---

6. Die Frau, die er liebt, hasst ihn.

7. Das Kind kennt das Spielzeug, das ich immer kaufe.

8. Der Politiker schreibt den Leuten, die in Potsdam leben.

9. Der Mann, dem sie finanziell hilft, ist mein Bruder.

10. Das Mädchen, dem der Junge eine Rose gab, sieht sehr traurig aus.

---

11. Der Schrank, den ich gestern gekauft habe, ist schon kaputtgegangen.

12. Die Frau, deren Vater Arzt ist, ist Rechtsanwältin.

13. Ich will die Bücher, die wir alle kaufen sollen, nicht lesen.

14. Der Sohn, dessen Mutter mir geholfen hat, ist jetzt 20 Jahre alt.

15. Meine Frau hat das Kochbuch weggeworfen, das ich ihr empfohlen habe.

---

16. Die Leute, denen ich gestern begegnet bin, können Deutsch sprechen.

17. Die Frau, von der er einen Brief bekam, steht hinter dir.

18. Das ist der Onkel, bei dem meine Schwester wohnt.

19. Die Männer, mit denen ich gestern war, sind Täter.

20. Sie legte den Ring in die Schublade, den ihr ihr Freund geschenkt hat.

---

21. Die Leute, mit denen ich mich gestern getroffen habe, sind meine Verwandten.

22. Er, der immer so nett ist, ist gestern in Wut geraten.

23. Der Gast, der neben mir ist, isst viele Kakifrüchte.

24. Das ist ein Bambuszaun, an den ich Bambus angelehnt habe.

25. Das ist ein Nagel, den man nicht leicht herausziehen kann.

Lektion 30 関係節（不定関係代名詞・関係副詞）

[　　　]の動詞を参照して、下線部に適切な動詞の形を、（　　　）に不定関係代名詞か関係副詞、および指示代名詞derかdasを入れ、日本語に合うドイツ語の文を完成させてみましょう。※過去については完了形で。

□□□ ① 勤勉に学ぶ者は褒美を得る。[lernen, bekommen]
（　　　　　）fleißig ＿＿＿＿＿＿，（　　　　　）
＿＿＿＿＿＿ eine Belohnung.

① 「～者」って表現がポイントだな。特定の誰かってわけじゃないんだよな。

□□□ ② よく食べてよく寝る者はよく育つ。
[essen, schlafen, wachsen]
（　　　　　）viel ＿＿＿＿＿＿ und ＿＿＿＿＿＿，
（　　　　　）＿＿＿＿＿＿ gut.

□□□ ③ その女性を愛する者は、必ず不幸になる。
[lieben, werden]
（　　　　　）diese Frau ＿＿＿＿＿＿，＿＿＿＿＿＿
bestimmt unglücklich.

③ 指示代名詞が省略されることもあるんだな。

□□□ ④ 人を呪わば穴二つ。[graben, fallen]
（　　　　　）anderen eine Grube ＿＿＿＿＿＿，
＿＿＿＿＿＿ selbst hinein.

④ うん？ まずは、このことわざを別の言い方で言いかえてみよう！

□□□ ⑤ 君が愛する人はいつも医者だ。[lieben, sein]
（　　　　　）du ＿＿＿＿＿＿，（　　　　　）＿＿＿＿＿＿
immer Arzt.

□□□ ❻ 手がごつごつしている人は心が温かい。[sein, haben]
（　　　　　）Hand grob ＿＿＿＿＿＿，（　　　　　）
＿＿＿＿＿＿ ein warmes Herz.

❻ うーん、こりゃ難しいぞ！ ある人「の」手ってことだから…

□□□ ❼ 彼女が手助けする者は、彼女に感謝する。
[helfen, danken]
（　　　　　）sie ＿＿＿＿＿＿，（　　　　　）＿＿＿＿＿＿ ihr.

□□□ ❽ 私が信用しない者に、私はお金を貸さない。
[vertrauen, leihen]
（　　　　　）ich nicht ＿＿＿＿＿＿，（　　　　　）
＿＿＿＿＿＿ ich kein Geld.

❽ なかなか複雑だけど、それぞれの動詞をしっかり調べて。

□□□ ❾ 心が純粋な人を私は信頼する。[sein, vertrauen]
（　　　　　）Herz rein ＿＿＿＿＿＿，（　　　　　）
＿＿＿＿＿＿ ich.

□□□ ❿ 彼女が信じる者と彼女は結婚しようとしている。
[glauben, heiraten, wollen]
An（　　　　　）sie ＿＿＿＿＿＿，（　　　　　）＿＿＿＿＿＿
sie ＿＿＿＿＿＿.

□□□ 11 嘘つきは泥棒の始まり。[lügen, stehlen]

(　　　　) __________, (　　　　) __________.

□□□ 12 あなたがおっしゃることは常に真実です。[sagen, sein]

(　　　　) Sie __________, __________ immer wahr.

□□□ 13 知らぬが仏。 [wissen, machen]

(　　　　) man nicht __________, __________ einen nicht heiß.

□□□ 14 我が身に起こったことは、依然おぞましいままだ。
[passieren, bleiben]
(　　　　) mir __________ __________,
(　　　　) __________ immer noch scheußlich.

□□□ 15 君が信じることを私も信じる。[glauben]

(　　　　) du __________, (　　　　) __________ ich auch.

□□□ 16 お前のしたいことをしろ！ [wollen, tun]

__________, (　　　　) du __________!

□□□ 17 これが、俺のしたかったことの全てだ。
[wollen, machen, sein]
Das __________ alles, (　　　　) ich __________ __________.

□□□ 18 他に何か、言いたいことはあるか。
[wollen, sagen, haben]
__________ du etwas, (　　　　) du noch __________ __________?

□□□ 19 彼にできることはもう何もない。[können, tun, geben]

Es __________ nichts mehr, (　　　　) er __________ __________.

□□□ 20 それが彼の最善だ。[tun, sein]

Das __________ das Beste, (　　　　) er __________.

12

あっ、「者」とか「人」じゃなくて「こと」に変わった。ってことは…

17

allesが先行詞ってことだな。

20

Besteが先行詞だな。こういうのもあるのか。

□□□ ㉑ この城は、私が見てきたなかで最高に美しい。[sehen, sein]
Das Schloss _____ das Schönste,
(   ) ich bisher _____ _____.

□□□ ㉒ マンハイムは私が住んでいた町です。[leben, sein]
Mannheim _____ die Stadt, (   ) ich
_____ _____.

㉒

Stadtが先行詞だから、「in der」ってするんじゃないの？　けどinがないしなあ…

□□□ ㉓ それは彼女が帰ってくる日だ。
[zurückkommen, sein]
Das _____ der Tag, (   ) sie _____.

□□□ ㉔ 僕は来年、彼女が暮らしているケルンを訪れる。
[leben, besuchen]
Ich _____ nächstes Jahr Köln, (   )
meine Freundin _____.

□□□ ㉕ それは、誰も見たことがないようなお城だった。
[sehen, sein]
Das _____ ein Schloss, (   ) es noch
niemand _____ _____.

Tippchen!

　不定関係代名詞には **wer** と **was** があり、wer は先行詞を必要としません。
was は、先行詞を持たない場合と持つ場合があります。

先行詞　　**Wer** lacht, (<u>der</u>) wird gesund.
　　　　　　　　　　指示代名詞（後行詞）

先行詞　　**Was** du sagst, (<u>das</u>) ist nicht wahr.
　　　　　　　　　　指示代名詞（後行詞）

(<u>Das</u>,) **was** du sagst, ist nicht wahr.　　Da ist <u>nichts</u>, **was** ich machen kann.
指示代名詞（先行詞）　　　　　　　　　　**不定代名詞**（先行詞）

　先行詞を持たない場合、格を明示するために、主文の頭に**指示代名詞**を置きます
が、特に wer…der、was…das がいずれも 1 格のときには省略できます。

　関係副詞は先行詞を必要とし、例のように定関係代名詞の代わりに用いられるこ
とがあります。

　例：Das ist die Stadt, in **der** ich gelebt habe.　**定関係代名詞**
　　　= Das ist die Stadt, **wo** ich gelebt habe.　**関係副詞**

Lösung

① Wer fleißig lernt, der bekommt eine Belohnung.

② Wer viel isst und schläft, der wächst gut.

③ Wer diese Frau liebt, wird bestimmt unglücklich.

④ Wer anderen eine Grube gräbt, fällt selbst hinein.

⑤ Wen du liebst, der ist immer Arzt.

❻ Wessen Hand grob ist, der hat ein warmes Herz.

❼ Wem sie hilft, der dankt ihr.

❽ Wem ich nicht vertraue, dem leihe ich kein Geld.

❾ Wessen Herz rein ist, dem vertraue ich.

❿ An wen sie glaubt, den will sie heiraten.

⑪ Wer lügt, der stiehlt.

⑫ Was Sie sagen, ist immer wahr.

⑬ Was man nicht weiß, macht einen nicht heiß.

⑭ Was mir passiert ist, das bleibt immer noch scheußlich.

⑮ Was du glaubst, das glaube ich auch.

⓰ Tu, was du willst!

⓱ Das ist alles, was ich machen wollte.

⓲ Hast du etwas, was du noch sagen willst?

⓳ Es gibt nichts mehr, was er tun kann.

⓴ Das ist das Beste, was er tut.

㉑ Das Schloss ist das Schönste, was ich bisher gesehen habe.

㉒ Mannheim ist die Stadt, wo ich gelebt habe.

㉓ Das ist der Tag, wo sie zurückkommt.

㉔ Ich besuche nächstes Jahr Köln, wo meine Freundin lebt.

㉕ Das war ein Schloss, wie es noch niemand gesehen hatte.

Lektion 31　形容詞（付加語的用法）

[　　　]の形容詞を参照して、下線部に適切な形容詞の形を入れ、日本語に合う
ドイツ語の文を完成させてみましょう。

□□□ ① 彼は優しい男だ。[nett]

　　　Er ist ein _____ Mann.

①

形容詞って、確か語尾
に何かつくんだったよ
な。

□□□ ② その優しい男は大きなトランクを持っている。
　　　[nett, groß]

　　　Der _____ Mann hat einen _____ Koffer.

□□□ ③ その高身長の男の母親は若い男性と出会った。
　　　[groß, jung]
　　　Die Mutter des _____ Mannes begegnete
　　　einem _____ Mann.

③

身長が「高い」はgroß
なんだな。

□□□ ④ 一人の美しい女性が一匹の可愛い猫を飼っている。
　　　[schön, süß]

　　　Eine _____ Frau hat eine _____ Katze.

□□□ ⑤ その老いた女の娘は、その子猫に魚を与えた。[alt, klein]

　　　Die Tochter der _____ Frau gab der
　　　_____ Katze Fische.

□□□ ❻ 私はあなたの心からの謝罪を待っています。[aufrichtig]

　　　Ich erwarte Ihre _____ Entschuldigung.

❻

所有冠詞のときって、
語尾はどうなるんだっ
け。

□□□ ❼ その可愛い子猫は、温かいスープを好む。
　　　[klein, süß, warm]
　　　Die _____, _____ Katze mag eine
　　　_____ Suppe.

□□□ ❽ 痩せた女の子が、一冊の分厚い本を手に取った。
　　　[dünn, dick]
　　　Ein _____ Mädchen nahm ein _____
　　　Buch.

□□□ ❾ その安いおもちゃはその太った子供のです。[billig, dick]

　　　Das _____ Spielzeug gehört dem
　　　_____ Kind.

□□□ ❿ 私は彼女の情熱的な踊りが見たい。[leidenschaftlich]

　　　Ich möchte mir ihren _____ Tanz
　　　anschauen.

127

□□□ 11 そのか弱き少女の意地悪な母親は、彼女にいつもその腐った果物をやる。［zart, boshaft, faul］
Die ________ Mutter des ________ Mädchens gibt ihm immer das ________ Obst.

□□□ 12 多くの人間が、それらの醜い紛争を悔やんでいる。［viel, hässlich］
________ Menschen bedauern die ________ Konflikte.

□□□ 13 この新しい絵が気に入ったかい？［neu］
Gefiel dir dieses ________ Bild?

□□□ 14 その快活な青少年たちが、貧しい人々を助けた。［heiter, arm］
Die ________ Jugendlichen halfen ________ Leuten.

□□□ 15 裕福な家族の子供たちはみな、多くの流行りのおもちゃを持っている。［reich, viel, modern］
Alle Kinder der ________ Familien haben ________ ________ Spielsachen.

11
ちょっと複雑だぞ。格に注意して！

13
「この」ってのは確か定冠詞類だから…

□□□ 16 それは良いワインです。［gut］
Das ist ________ Wein.

16
「ワイン」は液体だから数えられないんだよな。

□□□ 17 彼はドイツビールと冷たい水を買った。［deutsch, kalt］
Er hat ________ Bier und ________ Wasser gekauft.

□□□ 18 その辛口の赤ワインはいくらですか。［trocken］
Was kostet der ________ Rotwein?

□□□ 19 私はこの暗い部屋が嫌いです。［dunkel］
Ich hasse dieses ________ Zimmer.

19
dunkelって、気をつけないとだめだったな。

□□□ 20 その高い時計は誰の？［teuer］
Wem gehört die ________ Uhr?

□□□ ㉑ それは悪い知らせだった。[übel]

Das waren _____ Nachrichten.

□□□ ㉒ 酸っぱいりんごと新鮮な牛乳が欲しいのですが。
[sauer, frisch]
Ich hätte gern einen _____ Apfel und
_____ Milch.

□□□ ㉓ この高い山はなんていうの？ [hoch]

Wie heißt dieser _____ Berg?

□□□ ㉔ そのような素敵な家屋の屋根にはよくスズメがとまる。
[hübsch]
Auf den Dächern solcher _____
Häuser sitzen oft Spatzen.

□□□ ㉕ 私は決してベルギービールの味を忘れない。[belgisch]

Ich vergesse niemals den Geschmack
_____ Biers.

㉕
「ビール」は液体だし、格にも気をつけないとなあ。

Tippchen!

　形容詞には三つの用法があります：述語的用法、付加語的用法、副詞的用法です。このうち、**付加語的用法**では、**名詞の前（左側）**に形容詞を置くことで、その**名詞を修飾**し、**名詞の性・数・格に従った語尾**がつきます。付加語的用法の形式には以下の三パターンがあるので、単純に数えると、計48種類の語尾があることになります。

　　①定冠詞＋形容詞**(語尾変化)** ＋名詞（性・数４×格４）

　　②不定冠詞＋形容詞**(語尾変化)** ＋名詞（性・数４×格４）

　　③冠詞なし＋形容詞**(語尾変化)** ＋名詞（性・数４×格４）

　しかし実際には、48のうち９つ以外は全て **-en** となるため、**語尾が -en とならない場合**（**-e**、**-er**、**-es**）を覚えておくのが最大のコツです。

Lösung

1. Er ist ein netter Mann.
2. Der nette Mann hat einen großen Koffer.
3. Die Mutter des großen Mannes begegnete einem jungen Mann.
4. Eine schöne Frau hat eine süße Katze.
5. Die Tochter der alten Frau gab der kleinen Katze Fische.

---

6. Ich erwarte Ihre aufrichtige Entschuldigung.
7. Die süße, kleine Katze mag eine warme Suppe.
8. Ein dünnes Mädchen nahm ein dickes Buch.
9. Das billige Spielzeug gehört dem dicken Kind.
10. Ich möchte mir ihren leidenschaftlichen Tanz anschauen.

---

11. Die boshafte Mutter des zarten Mädchens gibt ihm immer das faule Obst.
12. Viele Menschen bedauern die hässlichen Konflikte.
13. Gefiel dir dieses neue Bild?
14. Die heiteren Jugendlichen halfen armen Leuten.
15. Alle Kinder der reichen Familien haben viele moderne Spielsachen.

---

16. Das ist guter Wein.
17. Er hat deutsches Bier und kaltes Wasser gekauft.
18. Was kostet der trock(e)ne Rotwein?
19. Ich hasse dieses dunkle Zimmer.
20. Wem gehört die teure Uhr?

---

21. Das waren üble Nachrichten.
22. Ich hätte gern einen sauren Apfel und frische Milch.
23. Wie heißt dieser hohe Berg?
24. Auf den Dächern solcher hübschen Häuser sitzen oft Spatzen.
25. Ich vergesse niemals den Geschmack belgischen Biers.

Lektion 32　形容詞（述語的用法・副詞的用法・名詞化）

[　　] の不定形の動詞や形容詞を参照して、下線部に適切な動詞や形容詞（名詞化を含む）の形を入れ、日本語に合うドイツ語の文を完成させてみましょう。

□□□ ① 彼は優しい。[sein, nett]

Er ＿＿＿＿＿ ＿＿＿＿＿.

①

「優しい人」ってことだろうけど、「人」って名詞がないな。

□□□ ② 彼女はとても聡明で美しい。[sein, intelligent, schön]

Sie ＿＿＿＿ sehr ＿＿＿＿＿ und ＿＿＿＿.

□□□ ③ 彼らは貧乏でも、幸せだった。
[sein, arm, glücklich]

Sie ＿＿＿＿＿ ＿＿＿＿＿, aber ＿＿＿＿.

□□□ ④ その塔は非常に高い。[sein, hoch]

Der Turm ＿＿＿＿＿ sehr ＿＿＿＿.

④

ここから「高い」三連発！

□□□ ⑤ その時計は高いの？ [sein, teuer]

＿＿＿＿＿ die Uhr ＿＿＿＿？

□□□ ❻ オイゲンは背が高い。[groß]

Eugen ＿＿＿＿＿ ＿＿＿＿＿.

□□□ ❼ 私は不器用なだけです。[sein, ungeschickt]

Ich ＿＿＿＿＿ einfach ＿＿＿＿＿.

□□□ ❽ お前はもう死んでいる。[sein, tot]

Du ＿＿＿＿＿ schon ＿＿＿＿＿.

□□□ ❾ 彼女はいつも冷静だ。[bleiben, nüchtern]

Sie ＿＿＿＿＿ immer ＿＿＿＿＿.

❾

「そういう状態のままである」ということだな。

□□□ ❿ 料理が冷める。[werden, kalt]

Das Essen ＿＿＿＿＿ ＿＿＿＿＿.

❿

「そういう状態になる」ということだな。

131

□□□ ⑪ テオは病気になった。[werden, krank]

Theo _____ _____.

□□□ ⑫ 怒らないで！[werden, sauer]

_____ nicht _____ !

□□□ ⑬ 静かに座っていてください。[sitzen, still]

_____ Sie _____ !

□□□ ⑭ 彼は歌が上手い。[singen, gut]

Er _____ _____.

□□□ ⑮ 彼は勤勉だ。[lernen, fleißig]

Er _____ _____.

□□□ ⑯ 彼女は仕事が速い。[arbeiten, schnell]

Sie _____ _____.

□□□ ⑰ ゆっくり話してください。[sprechen, langsam]

_____ Sie bitte _____ !

□□□ ⑱ 彼女はミルクを温める。[machen, heiß]

Sie _____ die Milch _____.

⑱

「そういう状態にする」ってことか。これまでのと少し違うような…

□□□ ⑲ 彼はいつもそのスープは熱いのを飲む。
[trinken, heiß]

Er _____ die Suppe immer _____.

□□□ ⑳ そのワンピース、洒落てるね。[finden, schick]

Ich _____ das Kleid _____.

⑳

「お洒落に見つける」じゃなくて、「ワンピース＝お洒落」ってことだな。

132

□□□ ㉑ ドイツ人はよくソーセージを食べる。
[deutsch, essen]
______ ______ oft Wurst.

□□□ ㉒ その患者は動けない。[krank, bewegen, können]
Der ______ ______ sich nicht
______.

□□□ ㉓ 失業者と貧しい者は同じではない。
[sein, arbeitslos, arm]
Die ______ und die ______
______ nicht gleich.

□□□ ㉔ 彼女はその老婆の言うとおりにする。[alt, folgen]
Sie ______ der ______.

□□□ ㉕ ある賢者の話がとても興味深い。
[weis, interessant, sein]
Die Erzählung eines ______ ______
sehr ______.

㉑
ああ、「ドイツ人」って、形容詞からできた単語なのか。

㉒
よく耳にする「クランケ」ってそういうことか。

Tippchen!

形容詞の**述語的用法**とは、**sein**、**werden**、**bleiben** といった A=B を表す動詞（コピュラ動詞）とともに形容詞を使う場合のことです。付加語的用法と違って、形容詞の後ろ（右側）に名詞が置かれないので、**語尾変化はありません。副詞的用法**は、動詞の様態を修飾します。**Er spielt gut Tennis.** は、「彼が良い」のでも「良いテニス」でもなく、「**プレー（のあり方）が良い**」ということですよね。

また、形容詞は**名詞化**することで、その形容詞の表す特性や特質をもった**人**や**物事**を表現します。その「**人**」が**男性か女性か**、**定か不定か**、**何格になるか**に注意しましょう。ちなみに、「**物事**」を表すときは**中性**です。

Lösung

1. Er ist nett.
2. Sie ist sehr intelligent und schön.
3. Sie waren arm, aber glücklich.
4. Der Turm ist sehr hoch.
5. Ist die Uhr teuer?

---

6. Eugen ist groß.
7. Ich bin einfach ungeschickt.
8. Du bist schon tot.
9. Sie bleibt immer nüchtern.
10. Das Essen wird kalt.

---

11. Theo wurde krank.
12. Werd(e) nicht sauer!
13. Sitzen Sie still!
14. Er singt gut.
15. Er lernt fleißig.

---

16. Sie arbeitet schnell.
17. Sprechen Sie bitte langsam!
18. Sie macht die Milch heiß.
19. Er trinkt die Suppe immer heiß.
20. Ich finde das Kleid schick.

---

21. Deutsche essen oft Wurst.
22. Der Kranke kann sich nicht bewegen.
23. Die Arbeitslosen und die Armen sind nicht gleich.
24. Sie folgt der Alten.
25. Die Erzählung eines Weisen ist sehr interessant.

Lektion 33　形容詞（比較級）

　[　　] の形容詞を参照して、下線部に形容詞の適切な形、およびso、wie、als
のうち適切な語を入れ、日本語に合うドイツ語の文を完成させてみましょう。

□□□ ① 私は君より金持ちだ。[reich]

Ich bin ＿＿＿＿＿＿ ＿＿＿＿＿ du.

①

比較級は語尾に何かを
つけるんだったな。

□□□ ② 彼は彼女より背が低い。[klein]

Er ist ＿＿＿＿＿＿ ＿＿＿＿＿ sie.

□□□ ③ もっと熱心に勉強しなさい。[fleißig]

Lern noch ＿＿＿＿＿＿!

□□□ ④ この安い方の時計にします。[billig]

Ich nehme diese ＿＿＿＿＿＿ Uhr.

④

うん？　後ろに名詞が
あるってことは…

□□□ ⑤ この家はあの家より新しい。[neu]

Dieses Haus ist ＿＿＿＿＿＿ ＿＿＿＿＿ das
da.

□□□ ❻ 私の車は君のと同じくらい新しい。[neu]

Mein Auto ist ＿＿＿＿ ＿＿＿＿ ＿＿＿＿ deins.

❻

「同じくらい」ってど
うやって表現するんだ
ろう。

□□□ ❼ その仕事をできるだけ速く片付けて！[schnell]

Erledige die Arbeit ＿＿＿＿＿＿ ＿＿＿＿＿
＿＿＿＿＿＿ möglich!

□□□ ❽ ワインはカクテルほど甘くない。[süß]

Wein ist nicht ＿＿＿＿＿ ＿＿＿＿ ＿＿＿＿
Cocktails.

□□□ ❾ 私の親はあなたより年上です。[alt]

Meine Eltern sind ＿＿＿＿＿＿ ＿＿＿＿＿ Sie.

❾

「alt」は何か気をつけ
ないと駄目だったよう
な。

□□□ ❿ あんたは彼女より若い？[jung]

Bist du ＿＿＿＿＿＿ ＿＿＿＿＿ sie?

□□□ ⑪ 僕は確実に彼より貧乏です。［ arm ］

Ich bin sicher ________ ________ er.

□□□ ⑫ イタリアは間違いなくドイツより暖かい。［ warm ］

In Italien ist es bestimmt ________ ________ in Deutschland.

□□□ ⑬ 比較的大きな都市にはスーパーがある。［ groß ］

In den ________ Städten gibt es Supermärkte.

⑬

「比較的」なんて訳し方もあるんだな。

□□□ ⑭ 私たちは普段より長く電話で話した。［ lang ］

Wir haben ________ _____ sonst telefoniert.

□□□ ⑮ お前の話は三流ドラマよりつまらない。［ langweilig ］

Deine Geschichte ist ________ ______ ein drittklassiges Drama.

□□□ ⓰ ハバネロはタバスコよりはるかに辛い。［ scharf ］

Habanero ist viel ________ ______ Tabasco.

□□□ ⓱ 私は好んで短めのスカートをはく。［ kurz ］

Ich trage lieber einen ________ Rock.

⓱

これも「比較的」と同じ感じだな。

□□□ ⓲ ここからは駅の方が近いです。［ nah ］

Von hier ist es ________ zum Bahnhof.

□□□ ⓳ この部屋は私の部屋より暗い。［ dunkel ］

Dieses Zimmer ist ________ ______ mein Zimmer.

⓳

「dunkel」は注意が必要だな。

□□□ ⓴ そのりんごはこちらのより高いんですか。［ teuer ］

Ist der Apfel ________ ______ der hier?

□□□ ㉑ 東京スカイツリーは東京タワーよりはるかに高い。
[hoch]
Der Tokyo Skytree ist viel _____ _____
der Tokyo Tower.

㉑

「hoch」もくせ者だよな。

□□□ ㉒ ヴォルガ川より長い川はヨーロッパにない。[lang]
Es gibt keinen _____ Fluß _____ die
Wolga in Europa.

□□□ ㉓ もっと高い車を見たいんですが。[teuer]
Ich möchte mir ein noch _____ Auto
ansehen.

㉓

うーん、これは難しいぞ。

□□□ ㉔ 君の案は我々のより優れている。[gut]
Deine Idee ist _____ _____ unsere.

□□□ ㉕ 僕にはもっと時間が必要なんです！ [viel]
Ich brauche einfach _____ Zeit!

Tippchen!

形容詞の**比較級**は、**語尾**に -er をつけて作ります。

例：schön → schön**er**

なかには、①**母音が変音**するものや、②**不規則な変化**をするものがあります。

① alt → ält**er** ② gut → **besser**

比較の形には、「**形容詞の比較級＋ als**」で一方が他方より程度が高いことを表したり、「**so ＋形容詞の原級＋ wie**」という形で、二つのものが同じ程度であることを表現する**同等比較**などがあります。また、形容詞の比較級は、当然「形容詞」であるわけですから、名詞の前（左）に置かれた**付加語的用法**の場合は、相応の**語尾変化**を伴いますので注意しましょう。

Lösung

1. Ich bin reicher als du.

2. Er ist kleiner als sie.

3. Lern noch fleißiger!

4. Ich nehme diese billigere Uhr.

5. Dieses Haus ist neuer als das da.

6. Mein Auto ist so neu wie deins.

7. Erledige die Arbeit so schnell wie möglich!

8. Wein ist nicht so süß wie Cocktails.

9. Meine Eltern sind älter als Sie.

10. Bist du jünger als sie?

11. Ich bin sicher ärmer als er.

12. In Italien ist es bestimmt wärmer als in Deutschland.

13. In den größeren Städten gibt es Supermärkte.

14. Wir haben länger als sonst telefoniert.

15. Deine Geschichte ist langweiliger als ein drittklassiges Drama.

16. Habanero ist viel schärfer als Tabasco.

17. Ich trage lieber einen kürzeren Rock.

18. Von hier ist es näher zum Bahnhof.

19. Dieses Zimmer ist dunkler als mein Zimmer.

20. Ist der Apfel teurer als der hier?

21. Der Tokyo Skytree ist viel höher als der Tokyo Tower.

22. Es gibt keinen längeren Fluß als die Wolga in Europa.

23. Ich möchte mir ein noch teureres Auto ansehen.

24. Deine Idee ist besser als unsere.

25. Ich brauche einfach mehr Zeit!

Lektion 34　形容詞（最上級）

[　　　] の形容詞を参照して、<u>下線部</u>に形容詞の適切な形、および（　　　）に
定冠詞かamを入れ、日本語に合うドイツ語の文を完成させてみましょう。

□□□ ① 彼はクラスで一番熱心な学生です。[fleißig]

　　　Er ist（　　　）_____ Student in der Klasse.

> ①
> 「一番〜」ってのがポイントだよな。

□□□ ② それがこのお店で一番安いドレスです。[billig]

　　　Das ist（　　　）_____ Kleid in diesem
　　　Geschäft.

□□□ ③ フィレンツェは世界一美しい町だ。[schön]

　　　Florenz ist（　　　）_____ Stadt auf der
　　　Welt.

□□□ ④ アデーレはこのグループで一番背が低い。[klein]

　　　Adele ist in dieser Gruppe（　　　）_____.

> ④
> うん？ 「一番〜な何とか」ってなってないけど…
> ⑤
> 今度は、「走る」のあり方を言っているな。

□□□ ⑤ 君がクラスで一番速く走れるの？ [schnell]

　　　Kannst du in der Klasse（　　　）_____
　　　rennen?

□□□ ❻ 地球上で最も裕福なのはゲイツ氏です。[reich]

　　　（　　　）_____ auf der Welt ist Herr Gates.

□□□ ❼ アマゾン川は世界最長の川です。[lang]

　　　Der Amazonas ist（　　　）_____ Fluß
　　　der Welt.

□□□ ❽ 日本で最も暖かい季節は？ [warm]

　　　In welcher Jahreszeit ist es in Japan（　　　）
　　　_____?

□□□ ❾ 彼らはこの競技で最も若い双子です。[jung]

　　　Sie sind（　　　）_____ Zwillingspaar in
　　　diesem Wettkampf.

□□□ ❿ 地球上で最も大きな動物は？ [groß]

　　　Was ist（　　　）_____ Tier auf der Erde?

> ❿
> 最後の文字が「ß」だから…

□□□ 11 ツークシュピッツェはドイツで一番高い山ですか。[hoch]
Ist die Zugspitze (　　　) __________ Berg in Deutschland?

□□□ 12 この眼鏡が私のコレクションの中で一番高い。[teuer]
Diese Brille ist (　　　) ____________ Stück meiner Sammlung.

12
「teuer」は比較級では気をつけないと駄目だったけど。

□□□ 13 一番辛口のワインを持ってきて。[trocken]
Bring bitte (　　　) ____________ Wein mit!

□□□ 14 最新のニュースをお伝えします。[neu]
Jetzt hören wir (　　　) __________ Nachrichten.

□□□ 15 お母さんがいつも一番早く起きる。[früh]
Die Mutter steht immer (　　　) __________ auf.

□□□ 16 彼の仕草はクラスで一番野性的だ。[wild]
Sein Benehmen ist (　　　) __________ in der Klasse.

16
最後の文字が「d」だから…

□□□ 17 彼らがここで最も親切な人々だ。[nett]
Sie sind (　　　) __________ Leute hier.

17
最後の文字が「t」だから…

□□□ 18 その道はこの町で一番広い。[breit]
Die Straße ist (　　　) __________ in dieser Stadt.

□□□ 19 こちらがこの町で一番古い教会です。[alt]
Das ist (　　　) __________ Kirche in dieser Stadt.

□□□ 20 どれが一番甘い果実？ [süß]
Welche ist (　　　) __________ Frucht?

20
最後の文字が「ß」だけど…

□□□ 21　その一番短いスカートが欲しい。［kurz］

　　Ich möchte (　　　) _____ Rock.

□□□ 22　どの飲み物が一番冷えてるの？［kalt］

　　Welches Getränk ist (　　　) _____?

□□□ 23　ここから最も近い駅はどこ？［nah］

　　Wo ist (　　　) _____ Bahnhof von hier?

□□□ 24　ここで一番才能があるのは誰？［viel］

　　Wer hat (　　　) _____ Talent hier?

24
比較級と同じで、これ
は覚えるしかなさそう
だな。

□□□ 25　彼女が一番歌が上手い［gut］

　　Sie singt (　　　) _____.

Tippchen!

形容詞の**最上級**は、語尾に **-(e)st** をつけて作ります。

　　例：schön　→　schön**st**

なかには、①**母音が変音**するものや、②**不規則な変化**をするものがあります。

　　①lang　→　läng**st**　　②gut　→　**best**

比較級と同じく、最上級でも、**付加語的用法**（名詞の前（左）に置かれた場合）では相応の**語尾変化**を伴います。とはいえ、最上級では、通常**定冠詞**を前に置くため、比較級ほど複雑ではありません。ただし、最上級の**述語的用法**あるいは**副詞的用法**では「**am + -sten**」という形で表現するので注意が必要です。

Lösung

① Er ist der fleißigste Student in der Klasse.

② Das ist das billigste Kleid in diesem Geschäft.

③ Florenz ist die schönste Stadt auf der Welt.

④ Adele ist in dieser Gruppe am kleinsten / die kleinste.

⑤ Kannst du in der Klasse am schnellsten rennen?

❻ Am reichsten / Der Reichste auf der Welt ist Herr Gates.

❼ Der Amazonas ist der längste Fluß der Welt.

❽ In welcher Jahreszeit ist es in Japan am wärmsten?

❾ Sie sind das jüngste Zwillingspaar in diesem Wettkampf.

❿ Was ist das größte Tier auf der Erde?

⑪ Ist die Zugspitze der höchste Berg in Deutschland?

⑫ Diese Brille ist das teuerste Stück meiner Sammlung.

⑬ Bring bitte den trock(e)nsten Wein mit!

⑭ Jetzt hören wir die neu(e)sten Nachrichten.

⑮ Die Mutter steht immer am früh(e)sten auf.

⓰ Sein Benehmen ist am wildesten / das wildeste in der Klasse.

⓱ Sie sind die nettesten Leute hier.

⓲ Die Straße ist am breitesten / die breiteste in dieser Stadt.

⓳ Das ist die älteste Kirche in dieser Stadt.

⓴ Welche ist die süßeste Frucht?

㉑ Ich möchte den kürzesten Rock.

㉒ Welches Getränk ist am kältesten?

㉓ Wo ist der nächste Bahnhof von hier?

㉔ Wer hat das meiste Talent hier?

㉕ Sie singt am besten.

　　[　　]の不定形の動詞を参照して、（　　）にwerdenの適切な形、下線部に動詞の過去分詞、および<　　>にvon、durch、mitのいずれかを入れ、日本語に合うドイツ語の文を完成させてみましょう。

□□□ ① そのりんごはアダムに食べられる。[essen]

Der Apfel（　　）<　　　　> Adam

_____.

①

受動態は、受動の助動詞が必要だったな。あと過去分詞もだな。

□□□ ② 彼はいつも彼女に叩かれる。[schlagen]

Er（　　）immer <　　　> ihr _____.

②

「彼女」が行為者だな。

□□□ ③ その番組は子供たちに好んで観られる。[sehen]

Das Programm（　　）<　　> den

Kindern gern _____.

□□□ ④ 僕はよく飼い犬に噛まれる。[beißen]

Ich（　　）oft <　　　> meinem Hund

_____.

④

「犬」は動物だけど…

□□□ ⑤ ねずみは猫に追われる。[jagen]

Eine Ratte（　　）<　　　> einer Katze

_____.

□□□ ❻ 彼女たちはよく旅行者に道を尋ねられる。[fragen]

Sie（　　）oft <　　　> Touristen nach

dem Weg _____.

□□□ ❼ 校歌は運動会で歌われる。[singen]

Die Schulhymne（　　）beim Sportfest

_____.

□□□ ❽ その生徒はその教師に褒められた。[loben]

Die Studentin（　　）<　　　> dem Lehrer

_____.

❽

過去形になってるってことは…

□□□ ❾ 彼の息子は殺人鬼に殺された。[töten]

Sein Sohn（　　）<　　　> einem Amokläufer

_____.

□□□ ❿ 多くの町がその地震で壊滅した。[zerstören]

Viele Städte（　　）<　　　> das Erdbeben

_____.

❿

「地震」は自然現象だから、媒介とか原因ってやつかな。

□□□ ⑪ その動物園は一発の爆弾で一瞬にして消滅した。
[auslöschen]
Der Zoo (　　　　) < 　　　　 > eine Bombe
in einem Augenblick _____.

□□□ ⑫ 僕たちの学校は台風で甚大な被害を受けました。
[beschädigen]
Unsere Schule (　　　) < 　　　 >
einen Taifun schwer _____.

□□□ ⑬ その手紙はこのボールペンで書かれた。[schreiben]
Der Brief (　　　　) < 　　　　 > diesem Kuli
_____.

⑬
「ボールペン」は手段
だな。

□□□ ⑭ その船は津波に飲みこまれた。[erfassen]
Das Schiff (　　　) < 　　　　 > einen Tsunami
_____.

□□□ ⑮ スイスではドイツ語も話される。[sprechen]
In der Schweiz (　　　　) auch Deutsch
_____.

□□□ ⑯ エックス線はレントゲンに発見された。[entdecken]
Die Röntgen-Strahlen (　　　) < 　　　 >
Röntgen _____.

□□□ ⑰ 今日お城で舞踏会があります。[tanzen]
Es (　　　　) heute im Schloss _____.

⑰
あれっ？ tanzenっ
て4格目的語を取らな
い自動詞だけど。

□□□ ⑱ 私はナイフで脅されました。[drohen]
Es (　　　) mir < 　　　 > einem Messer
_____.

□□□ ⑲ 彼女は一冊の事典を勧められた。[empfehlen]
Ihr (　　　) ein Lexikon _____.

⑲
あれっ？ ⑱となんか
違うけど…

□□□ ⑳ その女優はストーカーに跡をつけられた。[verfolgen]
Die Schauspielerin (　　　) < 　　　 > einem
Stalker _____.

□□□ ㉑ 正門は毎日守衛に閉められる。[schließen]
Der Haupteingang (　　　) jeden Tag
<　　　　> einem Wächter ＿＿＿＿＿.

□□□ ㉒ その患者は手術でしか救われなかった。[retten]
Der Patient (　　　) nur <　　　　>
eine Operation ＿＿＿＿＿.

□□□ ㉓ その子供は父親に助けられた。[helfen]
Dem Kind (　　　　) <　　　　> seinem Vater
＿＿＿＿＿.

□□□ ㉔ その政治家は人々に厳しく批判された。[kritisieren]
Der Politiker (　　　　) <　　　　> den Leuten
hart ＿＿＿＿＿＿.

□□□ ㉕ 日曜日も働く。[arbeiten]
Es (　　　) auch sonntags ＿＿＿＿＿.

㉕
＿＿＿＿＿＿＿
⓱と同じ感じだな。

Tippchen!

ドイツ語の**受動態**にはいくつかの表現方法がありますが、大別して**動作受動**と**状態受動**に分けられます。基本的に、**動作受動**とは、ある**行為者の動作**によって生じる事態を表す表現形式で、文の構造は、助動詞 werden と本動詞の**過去分詞**で枠を作ります。

Die Wurst **wird** von Gerhard **gebraten** .

助動詞 ――― 枠 ――― 本動詞

「～によって」が、主に意図を持ちうる**人**や**生き物**の場合は、前置詞 von を用い、**媒介**や**原因**、**手段**の場合には durch や mit が使われます。また、過去のことは、助動詞 werden を**過去形**にするか、完了の文で表します。

Lösung

① Der Apfel wird von Adam gegessen.

② Er wird immer von ihr geschlagen.

③ Das Programm wird von den Kindern gern gesehen.

④ Ich werde oft von meinem Hund gebissen.

⑤ Eine Ratte wird von einer Katze gejagt.

❻ Sie werden oft von Touristen nach dem Weg gefragt.

❼ Die Schulhymne wird beim Sportfest gesungen.

❽ Die Studentin wurde von dem Lehrer gelobt.

❾ Sein Sohn wurde von einem Amokläufer getötet.

❿ Viele Städte wurden durch das Erdbeben zerstört.

⑪ Der Zoo wurde durch eine Bombe in einem Augenblick ausgelöscht.

⑫ Unsere Schule wurde durch einen Taifun schwer beschädigt.

⑬ Der Brief wurde mit diesem Kuli geschrieben.

⑭ Das Schiff wurde durch einen Tsunami erfasst.

⑮ In der Schweiz wird auch Deutsch gesprochen.

⓰ Die Röntgen-Strahlen wurden von Röntgen entdeckt.

⓱ Es wird heute im Schloss getanzt.

⓲ Es wurde mir mit einem Messer gedroht.

⓳ Ihr wurde ein Lexikon empfohlen.

⓴ Die Schauspielerin wurde von einem Stalker verfolgt.

㉑ Der Haupteingang wird jeden Tag von einem Wächter geschlossen.

㉒ Der Patient wurde nur durch eine Operation gerettet.

㉓ Dem Kind wurde von seinem Vater geholfen.

㉔ Der Politiker wurde von den Leuten hart kritisiert.

㉕ Es wird auch sonntags gearbeitet.

Lektion 36 受動態(完了・状態受動・話法の助動詞)

[　　] の不定形の動詞を参照して、(　　) に sein か werden の適切な形、<u>下線部</u>に動詞の過去分詞、および< 　 >に von、durch、mit のいずれかを入れ、日本語に合うドイツ語の文を完成させてみましょう。

□□□ ① その男は妻に殴られた。[schlagen]
Der Mann (　　　　) < 　　　 > seiner Frau
＿＿＿＿＿＿ (　　　　).

①

現在完了ってことは、完了の助動詞と過去分詞で枠構造だったな。

□□□ ② 彼は昨日町で見かけられた。[sehen]
Er (　　　) gestern in der Stadt ＿＿＿＿＿
(　　　).

□□□ ③ そのクモはカエルに食べられた。[fressen]
Die Spinne (　　　) < 　　　 > einem Frosch
＿＿＿＿＿＿ (　　　) .

③

「カエル」は生き物だから…

□□□ ④ その農夫は熊に襲われた。[angreifen]
Der Bauer (　　　) < 　　　 > einem Bären
＿＿＿＿＿＿ (　　　).

□□□ ⑤ 彼女は彼氏に招待された。[einladen]
Sie (　　　) < 　　　 > ihrem Freund
＿＿＿＿＿＿ (　　　).

□□□ ❻ この教科書は数名の教員によって刊行された。
[veröffentlichen]
Das Lehrbuch (　　　) < 　　　 > mehreren
Lehrern ＿＿＿＿＿＿ (　　　).

□□□ ❼ このお城は一度爆弾で破壊されました。[zerstören]
Diese Burg (　　　) einmal < 　　　 > Bomben
＿＿＿＿＿＿ (　　　).

□□□ ❽ 授業は騒音に妨害された。[stören]
Der Unterricht (　　　) < 　　　 > den Lärm
＿＿＿＿＿＿ (　　　).

□□□ ❾ その小包はフランクに開けられた。[öffnen]
Das Paket (　　　) < 　　　 > Frank
＿＿＿＿＿＿ (　　　).

□□□ ❿ その大木は一本の斧で切られた。[fällen]
Der große Baum (　　　) < 　　　 >
einer Axt ＿＿＿＿＿ (　　　).

❿

「斧」は手段だな。

□□□ ⑪ 私は一度ある男に助けられた。[helfen]
Mir (　　　) einmal <　　　> einem Mann
＿＿＿＿ (　　　).

□□□ ⑫ 病人は安静にしているよう勧められた。[empfehlen]
Dem Kranken (　　　) Ruhe ＿＿＿＿
(　　　).

□□□ ⑬ 両親は誘拐犯に脅迫された。[drohen]
Den Eltern (　　　) <　　　> einem Entführer
＿＿＿＿ (　　　).

□□□ ⑭ その扉はまだ開いていますか。[öffnen]
(　　　) die Tür noch ＿＿＿＿?

⑭
「開いている状態」か否
かが問題になっている
ぞ。

□□□ ⑮ 彼の髪は短く刈ってある。[schneiden]
Seine Haare (　　　) kurz ＿＿＿＿.

⑮
うん、これも「状態」だ。

□□□ ⑯ その要塞は軍隊に囲まれている。[umgeben]
Die Festung (　　　) <　　　> Truppen
＿＿＿＿.

□□□ ⑰ そのりんごはかじられている。[anbeißen]
Der Apfel (　　　) ＿＿＿＿.

□□□ ⑱ そのレストランは夕方5時まで閉まっていた。[schließen]
Das Restaurant (　　　) bis 5 Uhr abends
＿＿＿＿.

⑱
今度は、「状態」が過
去ってことだな。

□□□ ⑲ その手紙はインクで書かれていた。[schreiben]
Der Brief (　　　) <　　　> Tinte
＿＿＿＿.

□□□ ⑳ 今日までは大学の正門はまだ開いていた。[öffnen]
Bis heute (　　　) der Haupteingang der Uni
noch ＿＿＿＿.

148

□□□ ㉑ このDVDは多くの人々に買われるだろう。[kaufen]
Diese DVD kann <　　　　> vielen Leuten
＿＿＿＿＿（　　　　）.

㉑

話法の助動詞があるってことは、枠構造はどうなるんだっけ？

□□□ ㉒ これらの問題は明日までに解決されなければならない。
[lösen]
Diese Probleme müssen bis morgen ＿＿＿＿＿
（　　　　）.

□□□ ㉓ ここには何台の車が駐められますか。[parken]
Wie viele Autos dürfen hier ＿＿＿＿＿
（　　　　）?

□□□ ㉔ その病はある特別な薬でしか治らない。[heilen]
Die Krankheit kann nur <　　　　> einem
besonderen Medikament ＿＿＿＿＿（　　　　）.

□□□ ㉕ その試合は1週間延期されなければならなかった。
[verschieben]
Das Spiel musste um eine Woche ＿＿＿＿＿
（　　　　）.

Tippchen!

　受動態のなかで、ある行為によって生じた事態の**結果状態**を表現する方法を**状態受動**と言います。文の構造は、助動詞 **sein** と本動詞の**過去分詞**で枠を作ります。

　Das Geschäft **ist** bis 8 Uhr abends **geöffnet**.

　　　　　助動詞 ――――― 枠 ――――― 本動詞

　状態受動では、主に「～によって」という行為者が現れず、次の例のように、**動作受動の完了の結果生じた状態**が焦点となります。

　Das Geschäft **ist** vom Besitzer **geöffnet worden**.

　Das Geschäft **ist** (folglich) **geöffnet**.

Lösung

1. Der Mann ist von seiner Frau geschlagen worden.
2. Er ist gestern in der Stadt gesehen worden.
3. Die Spinne ist von einem Frosch gefressen worden.
4. Der Bauer ist von einem Bären angegriffen worden.
5. Sie ist von ihrem Freund eingeladen worden.
6. Das Lehrbuch ist von mehreren Lehrern veröffentlicht worden.
7. Diese Burg ist einmal durch Bomben zerstört worden.
8. Der Unterricht ist durch den Lärm gestört worden.
9. Das Paket ist von Frank geöffnet worden.
10. Der große Baum ist mit einer Axt gefällt worden.
11. Mir ist einmal von einem Mann geholfen worden.
12. Dem Kranken ist Ruhe empfohlen worden.
13. Den Eltern ist von einem Entführer gedroht worden.
14. Ist die Tür noch geöffnet?
15. Seine Haare sind kurz geschnitten.
16. Die Festung ist von Truppen umgeben.
17. Der Apfel ist angebissen.
18. Das Restaurant war bis 5 Uhr abends geschlossen.
19. Der Brief war mit Tinte geschrieben.
20. Bis heute war der Haupteingang der Uni noch geöffnet.
21. Diese DVD kann von vielen Leuten gekauft werden.
22. Diese Probleme müssen bis morgen gelöst werden.
23. Wie viele Autos dürfen hier geparkt werden?
24. Die Krankheit kann nur mit einem besonderen Medikament geheilt werden.
25. Das Spiel musste um eine Woche verschoben werden.

Lektion 37 接続法第Ⅰ式（間接話法・要求話法）

[ ] の不定形の動詞を参照して、( ) に適切な人称代名詞、下線部に適切な接続法第Ⅰ式の形を入れ、日本語に合うドイツ語の文を完成させてみましょう。

□□□ ① アウグストは、ドイツ語を学んでいると言った。
[lernen]
August sagte, ( ) _____ Deutsch.

①

アウグストのセリフを引用するってことだな。そもそも、接続法第Ⅰ式でどうやって作るんだっけ…

□□□ ② ヒルダは、もうテニスをしていないと言った。[spielen]
Hilda sagte, ( ) _____ nicht mehr Tennis.

□□□ ③ 彼女は、明日来ると言ったの？ [kommen]
Sagte sie, ( ) _____ morgen?

□□□ ④ 彼は私に、今日は時間がないと言った。[haben]
Er sagte mir, ( ) _____ heute keine Zeit.

□□□ ⑤ 私の妹は、ワンピースを買うと言った。[kaufen]
Meine Schwester sagte, ( ) _____ ein Kleid.

□□□ **6** その男は昨日、医者になると言った。[werden]
Der Mann sagte gestern, ( ) _____ Arzt.

□□□ **7** 彼女は、私に一冊の本をくれると言った。[geben]
Sie sagte, ( ) _____ mir ein Buch.

□□□ **8** その少女は、後でその手紙を読むと言った。[lesen]
Das Mädchen sagte, _____ ( ) den Brief später.

□□□ **9** 彼女の父親は、今スイスに滞在中だと言った。[bleiben]
Ihr Vater sagte, _____ ( ) jetzt in der Schweiz.

□□□ **10** 時間厳守で！ [sein]
( ) _____ !

10

うん？ これって命令だけど、「命令法」じゃないんだな。

□□□ ⑪ 静かにしていてください。[sein]

______ (　　　) bitte ruhig!

□□□ ⑫ ごゆっくり食べていただいて結構です。[essen]

______ (　　　) ruhig langsam!

□□□ ⑬ これで全てなかったことにします。[sein]

Damit ______ alles vergessen!

⑬
「そういうことにしよう」って取り決めるってことか。

□□□ ⑭ 毎日食後に１錠服用のこと。[nehmen]

Man ______ täglich nach dem Essen eine Tablette.

□□□ ⑮ 一緒に食事に行きましょう！［gehen］

______ (　　　) zusammen essen!

⑮
勧誘表現も接続法第Ｉ式で表すんだな。

□□□ ⑯ ありがたい！［sein］

Gott ______ Dank!

□□□ ⑰ 王様万歳！［leben］

Lang ______ der König!

⑰
「王様が長生きされますように！」ってことだな。

□□□ ⑱ 映画に行きませんか。[wollen]

______ wir ins Kino gehen?

□□□ ⑲ 彼女は彼に、どこに住んでいるのか尋ねた。[wohnen]

Sie fragte ihn, wo (　　　) ______.

⑲
疑問文の引用か。

□□□ ⑳ 彼は私に、なぜ結婚したくないのか尋ねた。[wollen]

Er fragte mich, warum (　　　) nicht heiraten ______.

□□□ ㉑　トビアスはジーナにお腹が空いているか尋ねた。[haben]
　　　　Tobias fragte Sina, ob (　　　　) Hunger
　　　　＿＿＿＿＿＿＿.

□□□ ㉒　警察が犯人に手をあげろと命じた。[sollen]
　　　　Der Polizist befahl dem Täter, (　　　　)
　　　　＿＿＿＿＿＿＿ die Hände hochheben.

□□□ ㉓　彼はガールフレンドにお金を貸してとお願いした。
　　　　[mögen]
　　　　Er bat seine Freundin, (　　　　) ＿＿＿＿＿＿
　　　　ihm Geld leihen.

□□□ ㉔　母親は子供に、路上で遊ぶなと言った。[sollen]
　　　　Die Mutter sagte ihrem Kind, (　　　　)
　　　　＿＿＿＿＿＿＿ nicht auf der Straße spielen.

㉔

「言った」だから、結局は普通のセリフのはずだけど、①から❾までと何が違うんだろう…

□□□ ㉕　ロッテはバッハ氏に煙草を吸わないでと頼んだ。
　　　　[mögen]
　　　　Lotte bat Herrn Bach, (　　　　) ＿＿＿＿＿＿
　　　　nicht rauchen.

Tippchen!

　話し手が物事を述べる際に、その**叙述の仕方**を動詞の変化で表したものを「**法**」と言い、ドイツ語には**直説法**、**命令法**、**接続法**という３つの法があります。**接続法**は、話し手にとってある事柄を事実としてではなく、**伝聞**や**願望**、**仮定**など、いわば間接的な述べ方をするときに使われます。接続法には**第 I 式**と**第 II 式**という２つの**形式**があり、**接続法第 I 式**には、**間接話法**と**要求話法**という２つの**用法**があります。間接話法とは、誰かが言ったことを、**引用者**として自らのことばに直して間接的に表現する用法です。要求話法とは、話し手の**要望**や**祈願**を表したり、「〜とせよ」のような物事の**取り決め**を表現したりする用法です。

Lösung

1 August sagte, er lerne Deutsch.

2 Hilda sagte, sie spiele nicht mehr Tennis.

3 Sagte sie, sie komme morgen?

4 Er sagte mir, er habe heute keine Zeit.

5 Meine Schwester sagte, sie kaufe ein Kleid.

6 Der Mann sagte gestern, er werde Arzt.

7 Sie sagte, sie gebe mir ein Buch.

8 Das Mädchen sagte, es lese den Brief später.

9 Ihr Vater sagte, er bleibe jetzt in der Schweiz.

10 Sei/Seid pünktlich!

11 Seien Sie bitte ruhig!

12 Essen Sie ruhig langsam!

13 Damit sei alles vergessen!

14 Man nehme täglich nach dem Essen eine Tablette.

15 Gehen wir zusammen essen!

16 Gott sei Dank!

17 Lang lebe der König!

18 Wollen wir ins Kino gehen?

19 Sie fragte ihn, wo er wohne.

20 Er fragte mich, warum ich nicht heiraten wolle.

21 Tobias fragte Sina, ob sie Hunger habe.

22 Der Polizist befahl dem Täter, er solle die Hände hochheben.

23 Er bat seine Freundin, sie möge ihm Geld leihen.

24 Die Mutter sagte ihrem Kind, es solle nicht auf der Straße spielen.

25 Lotte bat Herrn Bach, er möge nicht rauchen.

Lektion 38　接続法第Ⅱ式（非現実話法＜現在と過去＞）

[　　] の不定形の動詞を参照して、それぞれの下線部に適切な接続法第Ⅱ式の形あるいは不定形か過去分詞を入れ、日本語に合うドイツ語の文を完成させてみましょう。

□□□ ① もっと時間があれば、映画に行くのに。
[haben, gehen]
Wenn ich noch Zeit ＿＿＿＿＿＿, ＿＿＿＿＿＿
ich ins Kino.

① まずは接続法第Ⅱ式の作り方を思い出さなきゃ。

□□□ ② もし私が鳥なら、君のもとへ飛んでいくのに。
[sein, fliegen]
Wenn ich ein Vogel ＿＿＿＿＿＿, ＿＿＿＿＿＿
ich zu dir.

□□□ ③ もし彼が来るなら、彼女も来るだろうに。
[kommen]
Wenn er ＿＿＿＿＿＿, ＿＿＿＿＿＿ sie auch.

□□□ ④ 彼女にもっとお金があれば、ドイツに行くだろうに。
[haben, fahren]
Wenn sie mehr Geld ＿＿＿＿＿＿, ＿＿＿＿＿＿
sie nach Deutschland.

④ 結局は、「でもお金がないから行かない」ってことがポイントなんだろうな。

□□□ ⑤ もし彼らが日本人なら、寿司を食べるだろうに。
[sein, essen]
Wenn sie Japaner ＿＿＿＿＿＿, ＿＿＿＿＿＿ sie
Sushi.

□□□ ❻ 君が今から芝居に行くなら、彼もすぐにタクシーを拾うだろうに。[gehen, nehmen]
Wenn du jetzt ins Theater ＿＿＿＿＿＿,
＿＿＿＿＿＿ er auch sofort ein Taxi.

□□□ ❼ もっと勇気があれば、きっと君は戦うだろうに。
[haben, kämpfen]
Wenn du noch Mut ＿＿＿＿＿＿, ＿＿＿＿＿＿
du bestimmt.

❼ でも、実際には勇気がないから戦わないんだよな。

□□□ ❽ もっと時間があれば、テニスをするのに。
[haben, spielen]
Wenn ich noch Zeit ＿＿＿＿＿＿, ＿＿＿＿＿＿
ich Tennis.

□□□ ❾ もっと時間があれば、テニスをするのに。
[haben, spielen, werden]
Wenn ich noch Zeit ＿＿＿＿＿＿, ＿＿＿＿＿＿
ich Tennis ＿＿＿＿＿＿.

❾ うん？ ❽と一緒じゃないか！

□□□ ❿ もし彼が鳥なら、彼女のもとへ飛んでいくだろうに。
[sein, fliegen, werden]
Wenn er ein Vogel ＿＿＿＿＿＿, ＿＿＿＿＿＿
er zu ihr ＿＿＿＿＿＿.

155

□□□ 11 もっとお金があれば、彼らは野球を観戦するだろうに。
[haben, sehen]
Wenn sie mehr Geld __________, __________
sie ein Baseballspiel.

□□□ 12 もっとお金があれば、彼らは野球を観戦するだろうに。
[haben, sehen, werden]
Wenn sie mehr Geld __________, __________
sie ein Baseballspiel __________.

12
あ、また。今度は11と全く同じ日本語だけど…

□□□ 13 それがもっと美味しいなら、私も食べるのに。
[schmecken, essen, werden]
Wenn das noch besser __________ __________,
__________ ich es auch __________.

□□□ 14 その時計が安いのであれば、私は喜んで買います。
[sein, kaufen, werden]
__________ die Uhr billig, so __________ ich
sie gern __________.

14
あれっ、wennがないぞ。

□□□ 15 もしあなたがお金持ちなら、私は結婚するだろうに。
[sein, heiraten, werden]
__________ Sie reich, so __________ ich Sie
__________.

□□□ 16 彼女がまだ生きていればなあ。[leben, werden]
Wenn sie noch __________ __________.

16
あれっ、「〜なのに」の部分がない。こういうのもあるのか。

□□□ 17 あの時もっと時間があったら、映画に行ったのに。
[haben, gehen]
Wenn ich damals noch Zeit __________ __________,
__________ ich ins Kino __________.

17
あ、過去のことを言ってるぞ。

□□□ 18 昔もっとお金があったならば、僕らは家を買っただろうに。
[haben, kaufen]
Wenn wir früher mehr Geld __________ __________,
__________ wir ein Haus __________.

□□□ 19 もし彼がそのパーティーに来ていたなら、彼女も参加しただろうに。[kommen, teilnehmen]
Wenn er zu der Party __________ __________,
__________ sie auch daran __________.

19
なかなか複雑だけど、じっくり考えてみよう！

□□□ 20 3年前に彼が健康であったなら。[sein]
Wenn er vor 3 Jahren doch gesund __________
__________!

□□□ ㉑　あのとき彼女のことを少しでも知っていたなら。
　　　　［wissen］
　　　　_____ ich damals nur etwas von ihr
　　　　_____!

□□□ ㉒　天気が良ければ、彼女は散歩するだろうに。［gehen］
　　　　Bei schönem Wetter _____ sie spazieren.

㉒
なるほど、wennを使わなくても条件の部分は表現できるのか。

□□□ ㉓　僕が君の立場なら、きっと彼を殴るだろうに。
　　　　［schlagen, werden］
　　　　An deiner Stelle _____ ich ihn sicher
　　　　_____.

□□□ ㉔　間一髪で電車を逃すところだった。［verpassen, haben］
　　　　Ich _____ um ein Haar den Zug
　　　　_____.

□□□ ㉕　大学の教授ならその本を知っているだろう。
　　　　［kennen, werden］
　　　　Ein Professor _____ das Buch _____.

Tippchen!

　ドイツ語の**接続法第Ⅱ式**は、事実に反した非現実の世界や、実現の可能性が低い仮定的な事態を述べる表現形式です。主に**非現実話法**と**外交話法（婉曲話法）**という用法があり、**非現実話法**は、従属接続詞 wenn に導かれる**条件節（仮定的条件）**と主文の**帰結節（仮定的結論）**から成ります。条件節も帰結節も仮定的な内容を表すため、いずれにも接続法第Ⅱ式が用いられます。条件節では **wenn が省略される**こともあります。本動詞の接続法第Ⅱ式の**代用**として、助動詞 werden の**接続法第Ⅱ式 würde** を使う場合もあります。また、**過去**に関する反事実や非現実を表す際には、条件節と帰結節のいずれにも**完了形**を用います。

Lösung

1. Wenn ich noch Zeit hätte, ginge ich ins Kino.

2. Wenn ich ein Vogel wäre, flöge ich zu dir.

3. Wenn er käme, käme sie auch.

4. Wenn sie mehr Geld hätte, führe sie nach Deutschland.

5. Wenn sie Japaner wären, äßen sie Sushi.

6. Wenn du jetzt ins Theater gingest, nähme er auch sofort ein Taxi.

7. Wenn du noch Mut hättest, kämpftest du bestimmt.

8. Wenn ich noch Zeit hätte, spielte ich Tennis.

9. Wenn ich noch Zeit hätte, würde ich Tennis spielen.

10. Wenn er ein Vogel wäre, würde er zu ihr fliegen.

11. Wenn sie mehr Geld hätten, sähen sie ein Baseballspiel.

12. Wenn sie mehr Geld hätten, würden sie ein Baseballspiel sehen.

13. Wenn das noch besser schmecken würde, würde ich es auch essen.

14. Wäre die Uhr billig, so würde ich sie gern kaufen.

15. Wären Sie reich, so würde ich Sie heiraten.

16. Wenn sie noch leben würde.

17. Wenn ich damals noch Zeit gehabt hätte, wäre ich ins Kino gegangen.

18. Wenn wir früher mehr Geld gehabt hätten, hätten wir ein Haus gekauft.

19. Wenn er zu der Party gekommen wäre, hätte sie auch daran teilgenommen.

20. Wenn er vor 3 Jahren doch gesund gewesen wäre!

21. Hätte ich damals nur etwas von ihr gewusst!

22. Bei schönem Wetter ginge sie spazieren.

23. An deiner Stelle würde ich ihn sicher schlagen.

24. Ich hätte um ein Haar den Zug verpasst.

25. Ein Professor würde das Buch kennen.

[　　　] の不定形の動詞を参照して、それぞれの下線部に適切な接続法第Ⅱ式の形あるいは不定形か過去分詞を入れ、日本語に合うドイツ語の文を完成させてみましょう。

□□□ ① もし私たちが億万長者なら、世界旅行ができるのに。
[sein, machen, können]
Wenn wir Millionär _____, _____
wir eine Weltreise _____.

①
「するのに」じゃなくて「できるのに」ってのがポイントだな。

□□□ ② もし君が電話してくれたら、君のところに行けるのに。
[anrufen, werden, kommen, können]
Wenn du mich _____ _____,
_____ ich zu dir _____.

□□□ ③ ドイツ語がお分かりでしたら、そのジョークでお笑いになられるでしょうに。[verstehen, können, lachen, werden]
_____ Sie Deutsch _____, so
_____ Sie über den Witz _____.

□□□ ④ あのとき彼に翼があったなら、彼女のもとに飛んで行けたのに。[haben, fliegen, können]
Wenn er damals Flügel _____ _____,
_____ er zu ihr _____ _____.

④
「行けるのに」じゃなくて「行けたのに」ってなってるから…

□□□ ⑤ あなたの助けなしでは、我々はその問題を解けないでしょう。[lösen, können]
Ohne Ihre Hilfe _____ wir das Problem
nicht _____.

□□□ ❻ もし彼女が来ていたら、我々はその問題を解けただろうに。
[kommen, lösen, können]
_____ sie _____, _____ wir das
Problem _____ _____.

□□□ ❼ 当時君たちがお金持だったなら、そのパソコンを買えただろうに。[sein, kaufen, können]
Wenn ihr damals reich _____ _____,
_____ ihr den PC _____ _____.

□□□ ❽ あの頃もっと楽しく歌えていたらなあ。
[singen, können]
Wenn ich damals mehr mit Freude _____
_____ _____!

❽
条件節の独立用法だな。語順が難しいぞ！

□□□ ❾ 我々をお助けいただけませんでしょうか。
[helfen, können]
_____ Sie uns bitte _____?

❾
丁寧な依頼だ。

□□□ ❿ 私に塩を取っていただけませんか。
[reichen, werden]
_____ Sie mir bitte das Salz _____?

□□□ ⑪ 窓を開けてもらえないかな。[aufmachen, können]

_________ du vielleicht das Fenster __________?

□□□ ⑫ 少しだけ私に手をお貸しいただけませんか。
[sein, helfen]
__________ Sie so freundlich, mir nur kurz zu __________?

⑫ 依頼の仕方にもいろいろあるんだなあ。

□□□ ⑬ 私はコーヒーをいただきたいのですが。[mögen]

Ich _________ einen Kaffee.

⑬ これは控えめな願望って感じだな。

□□□ ⑭ ひとつ質問があるのですが。[haben]

Ich _________ eine Frage.

□□□ ⑮ まずは映画に行くというのはいかがでしょうか。
[sein, gehen]
Wie __________ es, wenn wir zuerst ins Kino __________?

⑮ これは提案だな。

□□□ 16 彼女は、まるでドイツ人のようにドイツ語を話す。[sein]
Sie spricht Deutsch, als ob sie eine Deutsche __________.

□□□ 17 彼女は、まるでドイツ人のようにドイツ語を話す。[sein]
Sie spricht Deutsch, als __________ sie eine Deutsche.

17 うん？ 16と何が違う？

□□□ 18 ドイツ語は難しすぎて彼には話せない。
[sprechen, können]
Deutsch ist zu schwer, als dass er es _________ __________.

□□□ 19 僕には彼女がまだ生きているように思える。[sein]

Mir ist, als wenn sie noch am Leben _________.

□□□ 20 私の主張は正当だと思うのですが。[sagen, werden]
Ich __________ __________, meine Behauptung ist gerecht.

□□□ ㉑　君は彼女に謝った方がいいんじゃないかな。
　　　　　[entschuldigen, sollen]
　　　　　Du ＿＿＿＿＿ dich bei ihr ＿＿＿＿＿＿.

□□□ ㉒　彼は彼女に告白すべきだったのに。
　　　　　[gestehen, sollen]
　　　　　Er ＿＿＿＿＿ ihr seine Liebe ＿＿＿＿＿
　　　　　＿＿＿＿＿＿.

㉒

過去の文だ。なんとも
手遅れ感が表現される
なあ。

□□□ ㉓　私はそれをしてはならなかったのに。[dürfen]

　　　　　Ich ＿＿＿＿＿ das nicht ＿＿＿＿＿.

□□□ ㉔　彼女は彼が別れを告げられないほど、すぐに立ち去った。
　　　　　[verabschieden, können]
　　　　　Sie ging sofort weg, ohne dass er sich ＿＿＿＿
　　　　　＿＿＿＿＿＿＿ ＿＿＿＿＿＿.

□□□ ㉕　その問題はもっと早期に解かれねばならなかったのに。
　　　　　[lösen, werden, müssen]
　　　　　Das Problem ＿＿＿＿＿ noch früher ＿＿＿＿＿
　　　　　＿＿＿＿＿ ＿＿＿＿＿.

㉕

うーん、複雑な文だぞ！

Tippchen!

　接続法第Ⅱ式非現実話法では、話法の助動詞を伴う文がよく見られます。とりわけ**話法の助動詞 können** は、現在形か完了形かを問わず頻繁に使われます。また、「まるで～のように」を表すための **als ob/als wenn** の構文や、「～すぎて～できない」といった **als dass** を伴う熟語表現も**非現実話法**の一つです。さらに、接続法第Ⅱ式には、**外交話法**と呼ばれる用法があります。**依頼**や**提案**、**願望**などを表す際に、たとえば「～したい」と直接的に述べることを避けて、「**～したいのですが**」のように**婉曲（遠回し）**に述べる用法です。こうした表現は、なかば固定化しており、**比較的丁寧な言い方**として、特に日常会話でよく用いられます。

Lösung

① Wenn wir Millionär wären, könnten wir eine Weltreise machen.

② Wenn du mich anrufen würdest, könnte ich zu dir kommen.

③ Könnten Sie Deutsch verstehen, so würden Sie über den Witz lachen.

④ Wenn er damals Flügel gehabt hätte, hätte er zu ihr fliegen können.

⑤ Ohne Ihre Hilfe könnten wir das Problem nicht lösen.

❻ Wäre sie gekommen, hätten wir das Problem lösen können.

❼ Wenn ihr damals reich gewesen wäret, hättet ihr den PC kaufen können.

❽ Wenn ich damals mehr mit Freude hätte singen können!

❾ Könnten Sie uns bitte helfen?

❿ Würden Sie mir bitte das Salz reichen?

⑪ Könntest du vielleicht das Fenster aufmachen?

⑫ Wären Sie so freundlich, mir nur kurz zu helfen?

⑬ Ich möchte einen Kaffee.

⑭ Ich hätte eine Frage.

⑮ Wie wäre es, wenn wir zuerst ins Kino gehen?

⓰ Sie spricht Deutsch, als ob sie eine Deutsche wäre.

⓱ Sie spricht Deutsch, als wäre sie eine Deutsche.

⓲ Deutsch ist zu schwer, als dass er es sprechen könnte.

⓳ Mir ist, als wenn sie noch am Leben wäre.

⓴ Ich würde sagen, meine Behauptung ist gerecht.

㉑ Du solltest dich bei ihr entschuldigen.

㉒ Er hätte ihr seine Liebe gestehen sollen.

㉓ Ich hätte das nicht gedurft.

㉔ Sie ging sofort weg, ohne dass er sich hätte verabschieden können.

㉕ Das Problem hätte noch früher gelöst werden müssen.

[　　　] の不定形の動詞の中から最適な動詞を選択し、下線部に適切な形を入れて、日本語に合うドイツ語の文を完成させてみましょう。

□□□ ① ひとつお尋ねしてよろしいでしょうか。

[machen, setzen, stellen, bringen, geben]

Darf ich Ihnen eine Frage _____?

①

どの動詞でも行ける気がしてしまう…

□□□ ② 彼は彼女に永遠に愛すと約束した。

[machen, setzen, stellen, bringen, geben]

Er hat ihr das Versprechen _____, sie für immer zu lieben.

②

これはなんとなく「約束」を与えるって感じだろうな。

□□□ ③ その目撃者は法廷で証言する。

[machen, setzen, stellen, bringen, geben]

Der Augenzeuge _____ vor Gericht eine Aussage.

□□□ ④ 残念ながら、その仕事は大変時間がかかる。

[bringen, setzen, ziehen, nehmen, finden]

Leider _____ die Arbeit viel Zeit in Anspruch.

□□□ ⑤ 君の提案は全く賛同を得なかった。

[bringen, setzen, ziehen, nehmen, finden]

Dein Vorschlag _____ gar keine Zustimmung.

□□□ ❻ 主催者は謝意を表した。

[bringen, setzen, ziehen, nehmen, finden]

Der Veranstalter _____ seine Dankbarkeit zum Ausdruck.

❻

表現へと「導く」って考えたら？

□□□ ❼ 彼は再び彼女と連絡を取る。

[setzen, treffen, ziehen, führen, halten]

Er _____ sich wieder mit ihr in Verbindung.

□□□ ❽ 私はもうパーティーの準備を済ませた。

[setzen, treffen, ziehen, führen, halten]

Ich habe schon Vorbereitungen für die Party _____.

□□□ ❾ 彼女は彼の行為に疑念を持った。

[setzen, treffen, ziehen, führen, halten]

Sie _____ sein Verhalten in Zweifel.

❾

「疑惑の中へと引っ張り込む」って感じ？　なんか無理矢理（汗）

□□□ ❿ 彼は今日授業で発表をしなければならない。

[finden, leisten, führen, üben, halten]

Er muss heute im Unterricht ein Referat _____.

□□□ 11 彼の両親は彼を資金面で援助する。
［finden, leisten, führen, üben, halten］
Seine Eltern __________ ihm eine finanzielle Hilfe.

□□□ 12 その問題はまもなく明らかになるだろう。
［bringen, kommen, finden, machen, treffen］
Das Problem wird bald zum Ausdruck __________.

12
あ、これは文法的にわかるかも！　自動詞はひとつだけ。

□□□ 13 その女性記者はある政治家を批判した。
［finden, leisten, führen, üben, halten］
Die Journalistin hat an einem Politiker Kritik __________.

□□□ 14 そのコンサートは11時頃に終わる。
［finden, stellen, machen, führen, gehen］
Das Konzert __________ gegen 11 Uhr zu Ende.

14
うん、これも文法的にわかるぞ！

□□□ 15 彼らは今ドイツ人たちと話をしている。
［finden, stehen, kommen, führen, gehen］
Sie __________ jetzt mit Deutschen ein Gespräch.

□□□ 16 彼は全てのことを即座に処理する。
［bringen, nehmen, machen, kommen, halten］
Er __________ alles sofort in Ordnung.

□□□ 17 この教室はいつでも利用できます。
［finden, stehen, kommen, führen, gehen］
Das Zimmer __________ jederzeit zur Verfügung.

17
そういう状態にあるってことだな。

□□□ 18 スポーツしてる？
［bringen, geben, nehmen, kommen, treiben］
__________ du Sport?

□□□ 19 政治家はたびたび環境保護を引き合いに出す。
［bringen, nehmen, machen, kommen, halten］
Politiker __________ öfters auf den Umweltschutz Bezug.

□□□ 20 運転手は歩行者に気を配らなければいけない。
［bringen, geben, nehmen, kommen, treiben］
Die Fahrer müssen auf die Fußgänger Rücksicht __________.

□□□ ㉑　僕に助言をちょうだい。
[bringen, geben, nehmen, kommen, treiben]
_____ mir bitte einen Rat!

□□□ ㉒　彼女は就活で良い選択をするに違いない。
[machen, nehmen, treffen, halten, finden]
Sie muss bei der Arbeitssuche eine gute Wahl
_____.

㉒
_____
「いい選択に命中する」
なんてね。

□□□ ㉓　引っ越しはもはや私には問題にならない。
[bringen, nehmen, machen, kommen, halten]
Ein Umzug _____ für mich nicht mehr
in Betracht.

□□□ ㉔　今日、私の父は聴衆の前でスピーチをする。
[bringen, nehmen, machen, kommen, halten]
Heute _____ mein Vater vor Publikum
eine Rede.

㉔
_____
「話を持つ」かな。

□□□ ㉕　俺は致命的なミスを犯した。
[bringen, nehmen, machen, kommen, halten]
Ich habe einen fatalen Fehler _____.

Tippchen!

機能動詞とは、名詞を伴った**動詞表現**で使われる特定の動詞を指します。

　例：Er **gibt** heute noch **Unterricht**.

　　　　　機能動詞　　　　**動詞派生名詞**

　例の Unterricht は、動詞 unterrichten から派生した名詞で、この**動詞派生名詞**と機能動詞が結合したものを**機能動詞句**と言います。機能動詞句では、動詞が４格と結びつくものと前置詞句と結びつくものがあり、表現全体の意味は、この**対格（４格）目的語**や**前置詞句**が担います。また、例における機能動詞としての geben は、本来の意味「与える」をほとんど失い、いわば**「〜をする」**という**希薄化した意味**を表します。機能動詞句は、**単一の動詞による言い換え**が可能です。

　例：Er **unterrichtet** heute noch.

Lösung

1. Darf ich Ihnen eine Frage stellen?

2. Er hat ihr das Versprechen gegeben, sie für immer zu lieben.

3. Der Augenzeuge macht vor Gericht eine Aussage.

4. Leider nimmt die Arbeit viel Zeit in Anspruch.

5. Dein Vorschlag fand gar keine Zustimmung.

6. Der Veranstalter brachte seine Dankbarkeit zum Ausdruck.

7. Er setzt sich wieder mit ihr in Verbindung.

8. Ich habe schon Vorbereitungen für die Party getroffen.

9. Sie zog sein Verhalten in Zweifel.

10. Er muss heute im Unterricht ein Referat halten.

11. Seine Eltern leisten ihm eine finanzielle Hilfe.

12. Das Problem wird bald zum Ausdruck kommen.

13. Die Journalistin hat an einem Politiker Kritik geübt.

14. Das Konzert geht gegen 11 Uhr zu Ende.

15. Sie führen jetzt mit Deutschen ein Gespräch.

16. Er bringt alles sofort in Ordnung.

17. Das Zimmer steht jederzeit zur Verfügung.

18. Treibst du Sport?

19. Politiker nehmen öfters auf den Umweltschutz Bezug.

20. Die Fahrer müssen auf die Fußgänger Rücksicht nehmen.

21. Gib mir bitte einen Rat!

22. Sie muss bei der Arbeitssuche eine gute Wahl treffen.

23. Ein Umzug kommt für mich nicht mehr in Betracht.

24. Heute hält mein Vater vor Publikum eine Rede.

25. Ich habe einen fatalen Fehler gemacht.

Lektion 41　機能動詞＜その２＞

[　　] の不定形の動詞の中から最適な動詞を選択し、下線部に適切な形を入れて、日本語に合うドイツ語の文を完成させてみましょう。

□□□ ① 彼はいつも異議を唱える。
[gehen, sagen, machen, bringen, finden]
Er _____ immer Einwände.

① 「異議を作りだす」って発想かな。

□□□ ② その飲み会で君のボーイフレンドが話題となった。
[gehen, kommen, machen, bringen, finden]
Beim Umtrunk _____ dein Freund zur Sprache.

□□□ ③ 彼は誰からも認められない。
[gehen, kommen, machen, bringen, finden]
Er _____ von niemandem Anerkennung.

③ 「承認を見い出す」的な？

□□□ ④ そんな脅しは通用しません。
[sein, finden, treffen, bringen, kommen]
Solche Drohung _____ nichts zur Geltung.

□□□ ⑤ ダイエットがようやく効果を発揮した。
[sein, finden, treffen, bringen, kommen]
Die Diät _____ endlich zur Geltung.

□□□ ❻ 彼女はいつも僕を困惑させる。
[machen, finden, treffen, bringen, setzen]
Sie _____ mich immer in Verwirrung.

❻ 「混乱の中へと導く」って感じだな。

□□□ ❼ その問題の解決策を調査してくれる？
[sein, finden, treffen, bringen, kommen]
Kannst du die Lösung des Problems in Erfahrung _____?

□□□ ❽ そのバスは突然止まった。
[nehmen, kommen, begehen, treffen, bringen]
Der Bus _____ plötzlich zum Stehen.

□□□ ❾ その案件はすでに議題となっています。
[machen, stellen, treffen, stehen, bringen]
Die Angelegenheit _____ schon zur Diskussion.

□□□ ❿ 私の質問に答えをちょうだい！
[machen, stellen, treffen, geben, bringen]
_____ mir eine Antwort auf meine Frage!

❿ これは日本語そのままで良さそうだ。

167

□□□ ⑪ 60年代に日本は大きく発展した。
[nehmen, kommen, begehen, treffen, bringen]
In den sechziger Jahren __________ Japan eine große Entwicklung.

□□□ ⑫ 被疑者は自殺してしまった。
[nehmen, kommen, begehen, treffen, bringen]
Der Beschuldigte hat Selbstmord __________.

⑫
あまり見慣れない動詞があるなあ。

□□□ ⑬ 我々はその命令を甘受します。
[nehmen, ziehen, schenken, setzen, bringen]
Wir __________ den Befehl in Kauf.

□□□ ⑭ 裁判所はその法案を失効させた。
[nehmen, ziehen, schenken, setzen, bringen]
Das Gericht hat das Gesetz außer Kraft __________.

□□□ ⑮ 我々は会議でその問題について検討する。
[nehmen, ziehen, schenken, setzen, bringen]
Wir __________ in der Sitzung das Problem in Erwägung.

⑮
「熟考の中に引き入れる」って感じかな。

□□□ ⓰ 彼女は道路標識に全く注意を払わない。
[nehmen, ziehen, schenken, setzen, geben]
Sie __________ dem Verkehrszeichen gar keine Beachtung.

□□□ ⓱ 案内状は私に誤った情報を与えた。
[nehmen, ziehen, schenken, setzen, geben]
Die Information __________ mir eine falsche Auskunft.

□□□ ⓲ その政治家は政府に圧力をかけた。
[nehmen, ziehen, schenken, setzen, geben]
Der Politiker __________ die Regierung unter Druck.

⓲
「プレッシャーのもとに置く」ってことだろうな。

□□□ ⓳ その女性は会話の主導権を握った。
[leisten, führen, treffen, finden, ergreifen]
Die Frau __________ die Initiative des Gesprächs.

□□□ ⓴ その選手は拍手喝采を浴びた。
[leisten, führen, treffen, finden, ergreifen]
Der Spieler hat einen großen Beifall __________.

□□□ ㉑ 加害者は昨日拘留された。
　　　[nehmen, treffen, bringen, machen, halten]
　　　Der Täter wurde gestern in Haft _____.

□□□ ㉒ 彼女の研究は医学の進歩に貢献する。
　　　[leisten, führen, treffen, finden, ergreifen]
　　　Ihre Forschung _____ einen Beitrag
　　　zum Fortschritt in der Medizin.

□□□ ㉓ 大学はようやく決定を下した。
　　　[ziehen, führen, halten, treffen, nehmen]
　　　Die Universität hat endlich eine Entscheidung
　　　_____.

㉓
「決定に出会う」なん
てね。

□□□ ㉔ 学長は責任を取って辞任した。
　　　[ziehen, führen, halten, treffen, nehmen]
　　　Der Rektor hat die Konsequenzen _____.

□□□ ㉕ 私はみなさんにお別れを告げます。
　　　[ziehen, führen, halten, treffen, nehmen]
　　　Ich _____ von Ihnen Abschied.

㉕
さみしいな。

Tippchen!

機能動詞句による表現は様々ですが、**主な機能**としては、次の**３つ**が考えれます：

・動詞派生名詞を対格（４格）目的語として扱い、**派生元の動詞の意味を強調**する。

　　例：Ich stelle **eine Frage**. (= Ich frage.)

・動詞派生名詞を前置詞句の名詞として扱い、**動作の方向性や変化の移行性を強調**
　する。

　　例：Ich ziehe deine Meinung **in Zweifel**.（疑いの中へと）

・動詞派生名詞を対格目的語か前置詞句の名詞として扱い、主に**開始**や**継続**を表す

　能動態の受動表現を作る。

　　例：Ein neues Wort kommt **zur Anwendung**.

　　　　ある新しい単語が使われるようになる。［開始］

　　　　Ein neues Wort ist **in Anwendung**.

　　　　ある新しい単語が使われている。［継続］

Lösung

1. Er macht immer Einwände.

2. Beim Umtrunk kam dein Freund zur Sprache.

3. Er findet von niemandem Anerkennung.

4. Solche Drohung bringt nichts zur Geltung.

5. Die Diät kam endlich zur Geltung.

6. Sie bringt mich immer in Verwirrung.

7. Kannst du die Lösung des Problems in Erfahrung bringen?

8. Der Bus kam plötzlich zum Stehen.

9. Die Angelegenheit steht schon zur Diskussion.

10. Gib mir eine Antwort auf meine Frage!

11. In den sechziger Jahren nahm Japan eine große Entwicklung.

12. Der Beschuldigte hat Selbstmord begangen.

13. Wir nehmen den Befehl in Kauf.

14. Das Gericht hat das Gesetz außer Kraft gesetzt.

15. Wir ziehen in der Sitzung das Problem in Erwägung.

16. Sie schenkt dem Verkehrzeichen gar keine Beachtung.

17. Die Information gab mir eine falsche Auskunft.

18. Der Politiker setzte die Regierung unter Druck.

19. Die Frau ergriff die Initiative des Gesprächs.

20. Der Spieler hat einen großen Beifall gefunden.

21. Der Täter wurde gestern in Haft genommen.

22. Ihre Forschung leistet einen Beitrag zum Fortschritt in der Medizin.

23. Die Universität hat endlich eine Entscheidung getroffen.

24. Der Rektor hat die Konsequenzen gezogen.

25. Ich nehme von Ihnen Abschied.

［　　　］の心情や態度を参照して、（　　　）に以下の **ヒント** の中から適切な心態詞を入れ、日本語に合うドイツ語の文を完成させてみましょう。

ヒント	aber	auch	bloß	denn	doch	eben	einfach	etwa
	halt	noch	ja	mal	nur	ruhig	schon	vielleicht

☐☐☐ ① なんてお優しい！［驚き］

Sie sind（　　　　　）nett!

①

これって勘でいくしかないのかなあ…

☐☐☐ ② いいから家に帰りなさい。［強い命令］

Komm（　　　　）nach Hause!

☐☐☐ ③ 聞いてるんだろうね。［事実確認］

Hörst du（　　　　）zu?

☐☐☐ ④ こんなに長い間いったいどこにいたの？［非難］

Wo warst du（　　　　）so lange?

☐☐☐ ⑤ それはもう君に伝えたじゃないか。［想起］

Ich habe dir das（　　　　）schon gesagt.

☐☐☐ ❻ さっさと入りなさい。［苛立ち］

Komm（　　　　）rein!

☐☐☐ ❼ 今日は雨が降ってるね。［共通認識の確認］

Es regnet（　　　　）heute.

❼

聞き手もそのことを「肯定」するだろうって感じかなあ。

☐☐☐ ❽ もう帰っていいんだよ。［了承］

Du darfst（　　　　）nach Hause gehen.

☐☐☐ ❾ ちょっとかばん持ってて。［軽い依頼］

Halt（　　　　）meine Tasche!

❾

「少しの間」ってことだから、時間と関係のある単語のような気がするぞ。

☐☐☐ ❿ 彼女に本当のことを言っちゃいなよ。［無責任な助言］

Sag ihr（　　　　）die Wahrheit!

□□□ [11] あいつはなんて髭を生やしているんだ！［驚き］

Der hat (　　　　) einen Bart!

[11]
きっと髭の形がよっぽどすごいんだな。

□□□ [12] まさかたばこ吸わないよね。［想定外］

Rauchst du (　　　　)?

□□□ [13] 彼女はいったいどうしてしまったのだろう。［いぶかり］

Was ist (　　　　) mit ihr geschehen?

□□□ [14] あの居酒屋なんて名前だったっけ。［もどかしさ］

Wie hieß (　　　　) die Kneipe?

[14]
「まだ」覚えてたはずなんだけど、ええっと…

□□□ [15] とにかく試合に負けたのだ。［諦め］

Das Spiel ist (　　　　) verloren.

□□□ [16] このスープ熱いじゃないか。［批判的な驚き］

Die Suppe ist (　　　　) heiß!

□□□ [17] 僕たちの電車はきっと間に合うさ。［確信］

Unser Zug wird (　　　　) rechtzeitig ankommen.

□□□ [18] いったい君は今どこにいるんだい？［強い関心］

Wo bist du (　　　　) jetzt?

□□□ [19] 人間なんてしょせんそんなもんさ。［諦め］

Der Mensch ist (　　　　) so.

[19]
「ちょうど」それ以上でもそれ以下でもないって感じ？

□□□ [20] 彼女をほっといてやれよ。［強い要請］

Lass sie (　　　　) in Ruhe!

□□□ ㉑　0点？　それはあり得ないだろ！［異議］

Null Punkte? Das gibt's (　　　　　　) gar nicht!

□□□ ㉒　構わず煙草をお吸いになっていてください。
［積極的な促し］

Rauchen Sie (　　　　　) weiter!

□□□ ㉓　時間どおりに戻ってくること！［強い要請］

Dass ihr (　　　　　　) pünktlich wieder da seid!

□□□ ㉔　彼に電話してみてよ。［丁寧な要請］

Ruf ihn (　　　　　) (　　　　　　) an!

㉔

二つ並ぶこともあるん
だな。

□□□ ㉕　いいからそのワンピースをとにかくちょっと試着してみなよ。
［投げやりな促し］

Probier (　　　　　) (　　　　　　) (　　　　　)
(　　　　　) (　　　　　　) das Kleid an!

㉕

うわぁ、二つどころか、
なんだこりゃ。

Tippchen!

　ドイツ語の**心態詞**とは、字の如く「**心の態度を表す詞（ことば）**」のことで、話し手の「**驚き**」や「**苛立ち**」といった気持ちや、「**依頼**」や「**確信**」など心に抱く態度を表現する言語手段です。心態詞には、もともと**別の品詞**（接続詞、形容詞、応答詞など）に属する用法があるのですが、主に**会話**において特定の**文のタイプ**（平叙文、疑問文、命令文、感嘆文）で使われることで、話し手の**主観的な態度**を表す機能を持つようになりました。心態詞の正確な数はわかっていませんが、おおよそ **15 から 20** と考えられています。心態詞は、以前は副詞の一部として "片付け" られていましたが、現在では**独自の品詞**として扱われるようになってきました。たとえば日本語の「〜ね」や「〜よ」といった**終助詞**が、語のイメージとしてわかりやすいのではないでしょうか。

Lösungsbeispiele

1. Sie sind aber nett!

2. Komm nur nach Hause!

3. Hörst du auch zu?

4. Wo warst du denn so lange?

5. Ich habe dir das doch schon gesagt.

6. Komm schon rein!

7. Es regnet ja heute.

8. Du darfst ruhig nach Hause gehen.

9. Halt mal meine Tasche!

10. Sag ihr einfach die Wahrheit!

11. Der hat vielleicht einen Bart!

12. Rauchst du etwa?

13. Was ist bloß mit ihr geschehen?

14. Wie hieß noch die Kneipe?

15. Das Spiel ist halt verloren.

16. Die Suppe ist ja heiß!

17. Unser Zug wird schon rechtzeitig ankommen.

18. Wo bist du denn jetzt?

19. Der Mensch ist eben so.

20. Lass sie doch in Ruhe!

21. Null Punkte? Das gibt's doch gar nicht!

22. Rauchen Sie nur weiter!

23. Dass ihr ja pünktlich wieder da seid!

24. Ruf ihn doch mal an!

25. Probier doch nur ruhig auch mal das Kleid an!

以下の ［ ］内のいずれかの動詞を選び、それぞれの文の下線部に適切な形を入れてください。複数解答の可能性がある場合は、より適切と思われるものを入れてください。

[stellen, stehen, legen, liegen, setzen, sitzen]

□□□ ① Auf dem Tisch _____ verkehrt herum ein Buch.

①
一冊の本だし、裏返しでってことだしなぁ。

□□□ ② Er hat sich auf den Stuhl _____.

□□□ ③ Der Geldbeutel _____ immer in der Schublade.

□□□ ④ Hast du den Topf mit der Milch auf den Herd _____?

□□□ ⑤ Gestern Abend hat sie sich schon früh ins Bett _____.

□□□ ❻ Die Telefonkabel _____ unter der Erde.

❻
電話線ってひも状のものだな。

□□□ ❼ Im Sessel am Fenster _____ tagsüber Onkel Thomas.

□□□ 8 Schatz, __________ bitte den Kühlschrank neben den Esstisch!

8
冷蔵庫はふつう縦向きに置くよな。そもそも縦とか横とかって何で決まる？

□□□ 9 In der Nacht mussten die Leute in der kalten Halle direkt auf dem Boden __________.

9
避難所みたいなことかな。夜中に直接床にってことだし。

□□□ 10 Die Teller __________ für die Gäste schon auf dem Esstisch.

□□□ 11 Hast du schon mal allein im Flugzeug __________?

□□□ 12 Als ich ins Zimmer trat, __________ die Frau schon im Bett.

□□□ 13 Messer, Gabel und Löffel __________ für die Gäste schon auf dem Esstisch.

13
同じ食器でも10とは何か違うんだろうか。

□□□ 14 Wo ist meine Brille? - Sie __________ doch auf deiner Nase.

□□□ 15 Die Bücher __________ schön nebeneinander im Bücherschrank. Du bist immer ordentlich.

□□□ **16** Auf dem Schreibtisch _____ eine Brille.

16

同じくメガネだけど、⑭との違いはなんだろう…

□□□ **17** Die Vögel _____ auf dem Draht.

17

鳥って、電線とかにとまって何をしてる？擬人化して考えてみよう。

□□□ **18** Die alte Frau _____ gemütlich auf dem Sofa.

□□□ **19** Die älteren Leute haben damals die Hände in den Schoß _____.

□□□ **20** Au! Du _____ auf meinem Fuß! Nimm den weg!

□□□ **21** Der Anzug _____ dir gut! Nimm den doch!

□□□ **22** Das Kleid _____ gut. Das nehme ich.

22

㉑と文法的な違いはありそうだけど、意味も違うのかな。

□□□ **23** Die Fliege hat schon lange auf der Butter _____.

□□□ ㉔ Die Pinguine _____ zusammen auf einer

riesigen Eisscholle.

㉔

確か、ペンギンも鳥類だよな。じゃぁ、⓱と一緒かなぁ。

□□□ ㉕ Ein Ball _____ auf dem Dach.

Tippchen!

　ここで扱われている動詞は、**人や物の所在を表す動詞**の一部です。ドイツ語では、対象やその在り方によって動詞を使い分け、その際、**対象の向きや形態、どこに在るのか**などが関係します。「人」の場合、「立っている」や「横たわっている」といった状態が比較的わかりやすいですが、「物」では、単純に向きだけが問題となるわけではありません。また、ここでは**自動詞と他動詞の別**にも触れています。こうした文法的な違いも加味しながら、いろいろな「物」や「動物」の在り方、さらには、**どのような視点**で見るかについて考えてみると、所在動詞の奥深さに気づくことができます。たとえば、**物を擬人化**してみたり、**「座る」という行為の意味**を深堀りしてみたり。

Lösungsbeispiele

1. Auf dem Tisch liegt verkehrt herum ein Buch.

2. Er hat sich auf den Stuhl gesetzt.

3. Der Geldbeutel liegt immer in der Schublade.

4. Hast du den Topf mit der Milch auf den Herd gestellt?

5. Gestern Abend hat sie sich schon früh ins Bett gelegt.

6. Die Telefonkabel liegen unter der Erde.

7. Im Sessel am Fenster sitzt tagsüber Onkel Thomas.

8. Schatz, stell bitte den Kühlschrank neben den Esstisch!

9. In der Nacht mussten die Leute in der kalten Halle direkt auf dem Boden liegen.

10. Die Teller stehen für die Gäste schon auf dem Esstisch.

11. Hast du schon mal allein im Flugzeug gesessen?

12. Als ich ins Zimmer trat, lag die Frau schon im Bett.

13. Messer, Gabel und Löffel liegen für die Gäste schon auf dem Esstisch.

Lösungsbeispiele

⑭ Wo ist meine Brille? - Sie sitzt doch auf deiner Nase.

⑮ Die Bücher stehen schön nebeneinander im Bücherschrank. Du bist immer ordentlich.

---

⑯ Auf dem Schreibtisch liegt eine Brille.

⑰ Die Vögel sitzen auf dem Draht.

⑱ Die alte Frau sitzt gemütlich auf dem Sofa.

⑲ Die älteren Leute haben damals die Hände in den Schoß gelegt.

⑳ Au! Du stehst auf meinem Fuß! Nimm den weg!

㉑ Der Anzug steht dir gut! Nimm den doch!

㉒ Das Kleid sitzt gut. Das nehme ich.

㉓ Die Fliege hat schon lange auf der Butter gesessen.

㉔ Die Pinguine stehen zusammen auf einer riesigen Eisscholle.

㉕ Ein Ball liegt auf dem Dach.

„Ich komme aus Japan." を想う

　英語のfromはドイツ語ではausだったっけ。でも、fromはvonでもある。vonは「ある地点からの離脱」、ausは「中から外への方向」。「『日本』という地点からの離脱」と考えればvonなのに、Ich komme von Japan.は誤り。じゃぁ、なぜ「日本」は「中」と言えるんだろう。Ich komme aus Deutschland.で考えた方がわかりやすいかな。ドイツは9か国と国境を接している国。そう、「国」には「境」があって、それを超えるか超えないかで戦争だって起こる。つまり、「中」と「外」がはっきりしてるってことだな。Ich wohne in Japan.も、だからinなんだな。

　あれっ、でも日本みたいな国では、国内にも島がたくさんあって、たとえば「島の出身です」なんて言いたいときは、Ich komme aus einer Insel.とは言わない。この場合はvonが正しい。これはつまり、Ich wohne in einer Insel.とも言えないということ。「島」は「中」という閉じた空間ではなく、海に浮かぶ開かれた空間という扱い。だから、「島に住んでいる」も、「島という陸の上に」ということで、Ich wohne auf einer Insel.と言う。

　一方、たとえば「四国出身です」では、Ich komme von/aus Shikoku.のどちらも正しくて、vonを使うときは「島」の扱いで、ausのときは、「(あるどこかの) 島」という意味ではなく、本州や九州、北海道や沖縄といった他の陸地との対比で、そこに「境」が生まれるからだろうな。大昔、日本列島は陸続きだったってことを考えると、う～ん、なんとなく浪漫を感じるなぁ......ZZZ

„Ich arbeite im Zoo." を想う

　inを使うということは「中」ということ。in Deutschlandのような「国」の場合は国境が中と外を隔てるけど、たとえば「動物園」はどうだろう。閉じた空間って言えるのかなぁ。確かにフェンスで囲われてたりして、「中」と「外」が区切られているとは言えそう。あっ、それに入場料を払ったりするから、これって「中」に入る証拠だよな。遊園地や植物園なんかもそうか。水族館や映画館のような建物も、美術館や博物館も。そう考えると、すべていわゆる「娯楽施設」みたいなくくりかな。あっ、それに、日本語ではぜんぶ「館」とか「園」で表される場所だ！　うん？じゃぁ、図書館や公園も同じかも⁉　庭園や花園なんかもそうか⁉

„Ich kaufe am Kiosk eine Zeitung." を想う

　ネットで„Kiosk"を調べたら、なるほど、日本では駅のホームでよく見かける「売店」のことだ。それで、なんでim Kioskじゃないんだろう…答えは簡単！　もしim Kioskだと、きっと売り手のお姉さんに「入って来ないで！」って怒られる。近年のキオスクだとinでもまちがいではないみたいだけど、本来キオスクでは、基本的にお店の外側から内側の人と「対面」して売買する。たとえば、バーのカウンターでマスターと向き合うのも同じ。このとき、お店やカウンターと自分の位置関係を表すのがan。「接触・近接」って感じかな。ほかに、キオスクに似てる感じだと「屋台」なんかもある。「カウンターで」はan der Theke、「屋台で」はan der Bude......zzz

それぞれのドイツ語の文の正誤を判断し、適切に訂正してください。訂正の仕方は一通りとは限りません。

□□□ ① Peter hofft, dass er bald gesund zu werden.

①
誰が健康になるんだろう？

□□□ ② Eva hofft, ihre Freundin morgen zur Uni zu kommen.

□□□ ③ Wissen Sie, Hans heute Abend um sieben zu kommt?

□□□ ④ Es ist langweilig, stundenlang warten muss.

④
主語は誰だ？

□□□ ⑤ Fritz bat Elli darum, er Geld lieh.

□□□ ❻ Der Arzt hat Ihnen empfohlen, abends noch früher zu Bett gehen.

□□□ ❼ Alex hilft Anna dabei, ihre Seminararbeit rechtzeitig abliefert.

❼
誰が何をするんだろう？

□□□ [8] Er wurde gebeten, um einen Brief aufzuschreiben.

□□□ [9] Cello spielen können macht mir Spaß.

□□□ [10] Die Eltern fordern die Kinder dazu, das Radio zu abstellen, still zu sein und sie nicht zu stören auf.

[10]
なんか複雑だな。最後のaufって何だろう？

□□□ [11] Elise hofft, sie sie bald besucht.

[11]
うん？　誰が何を？誰を？

□□□ [12] Frau Meier hat große Angst, dass von ihrer besten Freundin verraten werden.

□□□ [13] Die Polizei befahl ihm, er die Pistole wegwirft.

□□□ [14] Es freut mich sehr, dass ich mit dir ins Kino gehen können.

[14]
話法の助動詞があるけど…？

□□□ [15] Der Vater hat von seinem Sohn verlangt, sofort zu ihm zu kommt.

□□□ **16** Er riet ihr Wasser mitbringt.

□□□ **17** Frau Sommer hat gehofft, ihr Haus teuer verkaufen kann.

□□□ **18** Die Täter hatten nicht erwartet, bei dem Hauseinbruch von den Polizisten auf frischer Tat zu ertappen wird.

□□□ **19** Sabine lädt Emma und Katja ein, zum Abendessen kommen.

□□□ **20** Es war damals sehr wichtig, man immer pünktlich sein.

□□□ ㉑ Vergesst nicht, dass in Mannheim zu umsteigen!

㉑
乗り換えなきゃ駄目な
のは誰？

□□□ ㉒ Amelia hofft von Herzen, sie von ihrem Freund nie wieder anlügen werden.

□□□ ㉓ Der Fahrlehrer hat mich gezwungen, dass ich sein Auto waschen zu müssen.

㉓
「強制」ってことは、
そもそも「何かをしな
ければならない」って
ことだよな。

□□□ ㉔ Mein Freund behauptet, er gestern Abend im Restaurant zu gegessen hat.

□□□ ㉕ Die Eltern verboten den Kindern, auf der Straße nicht spielen zu dürfen.

㉕
何をしちゃいけないんだ？？

Tippchen!

　「zu 不定詞句」は、文や節と違い、**句内に主語が明示されてはいけません**。このことは、zu 不定詞句で表される文は、原則として、**主文の主語と zu 不定詞句内の隠れた主語が同一である必要**を意味します。たとえば、「Eva が元気になるのをAdam が望んでいる」ということを表現するのに zu 不定詞句を用いると、Adam hofft, gesund zu werden. となり、これは Adam 自身が元気になることをAdam が望んでいるという解釈にしかなり得ません。そのため、Adam hofft, dass Eva gesund wird. のように「dass 節」で表すことになります。ただし、たとえば、主文の動詞が主に**誰かに何かをさせる意味を持つ動詞**（要求、命令、依頼、助言など）の場合、zu 不定詞句内の隠れた主語がおのずと判るため、その限りではありません。

Lösungsbeispiele

① Peter hofft, bald gesund zu werden. / Peter hofft, dass er bald gesund wird.

② Eva hofft, dass ihre Freundin morgen zur Uni kommt.

③ Wissen Sie, dass Hans heute Abend um sieben kommt? / Wissen Sie, ob Hans heute Abend um sieben kommt?

④ Es ist langweilig, stundenlang warten zu müssen. / Es ist langweilig, dass man stundenlang warten muss.

⑤ Fritz bat Elli darum, ihm Geld zu leihen. / Fritz bat Elli darum, dass sie ihm Geld leiht.

❻ Der Arzt hat Ihnen empfohlen, abends noch früher zu Bett zu gehen. / Der Arzt hat Ihnen empfohlen, dass Sie abends noch früher zu Bett gehen sollen.

❼ Alex hilft Anna dabei, ihre Seminararbeit rechtzeitig abzuliefern. / Alex hilft Anna dabei, dass sie ihre Seminararbeit rechtzeitig abliefert.

❽ Er wurde gebeten, einen Brief zu schreiben. / Er wurde darum gebeten, dass er einen Brief schreibt.

❾ Cello spielen zu können macht mir Spaß. / Es macht mir Spaß, Cello spielen zu können. / Es macht mir Spaß, dass ich Cello spielen kann.

❿ Die Eltern fordern die Kinder auf, das Radio abzustellen, still zu sein und sie nicht zu stören. / Die Eltern fordern die Kinder auf, dass sie das Radio abstellen, still sein und sie nicht stören sollen.

⑪ Elise hofft, sie bald zu besuchen. / Elise hofft, dass sie sie bald besucht. / Elise hofft, dass sie sie bald besuchen.

⑫ Frau Meier hat große Angst, von ihrer besten Freundin verraten zu werden. / Frau Meier hat große Angst, dass sie von ihrer besten Freundin verraten wird.

⑬ Die Polizei befahl ihm, die Pistole wegzuwerfen.

Lösungsbeispiele

⑭ Es freut mich sehr, mit dir ins Kino gehen zu können. / Es freut mich sehr, dass ich mit dir ins Kino gehen kann.

⑮ Der Vater hat seinem Sohn verlangt, sofort zu ihm zu kommen. / Der Vater hat von seinem Sohn verlangt, dass er sofort zu ihm kommen soll.

⑯ Er riet ihr, Wasser mitzubringen / Er riet ihr, dass sie Wasser mitbringt.

⑰ Frau Sommer hat gehofft, ihr Haus teuer verkaufen zu können. / Frau Sommer hat gehofft, dass sie ihr Haus teuer verkaufen kann.

⑱ Die Täter hatten nicht erwartet, bei dem Hauseinbruch von den Polizisten auf frischer Tat ertappt zu werden. / Die Täter hatten nicht erwartet, dass sie bei dem Hauseinbruch von den Polizisten auf frischer Tat ertappt werden.

⑲ Sabine lädt Emma und Katja ein, zum Abendessen zu kommen. / Sabine lädt Emma und Katja ein, dass sie zum Abendessen kommen.

⑳ Es war damals sehr wichtig, immer pünktlich zu sein. / Es war damals sehr wichtig, dass man immer pünktlich ist/war.

㉑ Vergesst nicht, in Mannheim umzusteigen! / Vergesst nicht, dass ihr in Mannheim umsteigen müsst!

㉒ Amelia hofft von Herzen, dass sie von ihrem Freund nie wieder angelogen zu werden. / Amelia hofft von Herzen, dass sie von ihrem Freund nie wieder angelogen wird.

㉓ Der Fahrlehrer hat mich gezwungen, sein Auto zu waschen. / Der Fahrlehrer hat mich dazu gezwungen, dass ich sein Auto wasche.

㉔ Mein Freund behauptet, gestern Abend im Restaurant gegessen zu haben. / Mein Freund behauptet, dass er gestern Abend im Restaurant gegessen hat.

㉕ Die Eltern verboten den Kindern, auf der Straße zu spielen. / Die Eltern verboten den Kindern, dass sie auf der Straße spielen.

„Im Wasser kann man nicht atmen." を想う

　確かに日本語でも「水中」と言うけど、in Deutschland や im Zoo のような「境」はないぞ。そういえば「空中」も in der Luft って言う。「なにかの中（内側）」というより「包囲」って感じだよな。あっ、この意味では、建物や部屋のような閉鎖的空間でも、床と壁と天井に囲まれているわけだから、確かに「包囲」されていると言えるかも。でも、開閉式のスタジアムでも im Stadion と言うし、「雪を駆ける」も im Schnee rennen というから、必ず四方八方ってことじゃなくて、「部分的な包囲」であっても in が使われるってことか。Ich stand im Regen. なんてのも、厳密に言えば、水中じゃなくて部分的な包囲だもんな。息できるし。

„Ich gehe heute ins Kino." を想う

　「映画館に行く」だから、たとえば「チケットを買いに行くだけで、映画は観ない」ってことも言えるのかな？　いや、実は駄目で、その場合は zum Kino なんだって。つまり、in が使われると、その空間の中に入って、そこで、その場に適した活動を行なうって意味が含まれるんだろうな。映画館なら「映画を観る」ってこと。博物館や美術館などは鑑賞するってことで、動物園や遊園地なども同じかな。ひょっとして、ins/zum Krankenhaus gehen でも同じようなことが言えるのかも。zu だと、「診察や入院、手術のために」ではなく、たとえば「誰かを見舞うために」みたいな意味が出てくるみたい。じゃぁ、「職場として行く」ってのも同じかなぁ ......zzz

„An der Uni studiere ich Jura." を想う

In der Uni studiere ich Jura. とは言わず（最近はこれもアリらしいけど...）、an der Uni と言う。一方で、Ich gehe in die Uni. とは言うけど、an die Uni とは言わない。in の場合、やっぱり「中」という空間的な意味が作用して、少なくとも studieren という活動を表す動詞とはあまり合わないのかも。一般的に、「大学の（建物の）外で学ぶ」とは思わないし。

一方 an では、ある空間における対象との接触や近接といった意味から、「従事」という意味が出てきて、studieren とか arbeiten のような動詞と相性がいいのかも。an der Arbeit sein とは言うけど、in der Arbeit sein とも言わないし。Ich sitze den ganzen Tag am Tisch. なんかも同じだな。これは別に、「一日中机に接触してただ座っている」ということじゃなく、勉強にせよ仕事にせよ、とにかくなんらかの作業に従事しているという意味だから。日本語でも、「机に向かう」と言っておいて、本当になにもせず机に向かって座っているなんてことは意味してないよね。

また、an は「接近」の意味も表すから、an die Uni gehen でもいいように思うけど、これが駄目なのは、やっぱり an が「従事」の意味を持つからだろうな。つまり、「（どこかの）大学に接近する」という意味だけでは用いられず、ある特定の大学で勉学に勤しむという意味まで含まれるんだろう。事実、an を使う場合は、Aoi geht an die Hiroshima-Universität. のように大学名を明示しないと駄目で、この場合、「葵は広島大学に在籍している」ことが前提になるみたい ......zzz

Lektion 45　［プラスα］数の一致と同格

[　]のどちらかの動詞を下線部に入れてドイツ語の文を完成させてみましょう。どちらも正しいと考えられる場合は、より適切と思われる方を入れてください。

□□□ ① Familie Möller ＿＿＿＿＿ nach Köln

umgezogen. [ist / sind]

□□□ ② Die Alpen ＿＿＿＿＿ das schönste Gebirge

Mitteleuropas. [ist / sind]

②
単数と複数が動詞sein
でつながれているって
ことだけど…

□□□ ③ Zwei Dutzend Eier ＿＿＿＿＿ im Kühlschrank.

[liegt / liegen]

□□□ ④ Ein Kilogramm Fleisch ＿＿＿＿＿ zu wenig

für die Grillparty. [ist / sind]

□□□ ⑤ Ein altes Kulturvolk ＿＿＿＿＿ die Ägypter.

[war / waren]

⑤
②と同じだ。

□□□ ❻ Das wertvollste Stück der Bibliothek ＿＿＿＿＿

eine handgeschriebene Bibel. [ist / sind]

□□□ ❼ Das Kilogramm Äpfel ＿＿＿＿＿ fünf Euro.

[kostet / kosten]

□□□ 8 Ein Bienenschwarm ________ uns angegriffen. [hat / haben]

8 ________
ミツバチの群れってことだけど…

□□□ 9 Eine Menge alter Leute ________ den Bus. [bestieg / bestiegen]

□□□ 10 Eine Ursache der Luftverschmutzung ________ die Industrieabgase. [ist / sind]

□□□ 11 Die Geschwister Uhl ________ Arzt. [wird / werden]

11 ________
「兄弟姉妹」だから一人じゃないよなぁ。

□□□ 12 Vier Dosen Bier ________ nur drei Euro. [kostet / kosten]

□□□ 13 Zehn Kilogramm Fleisch ________ zu viel für die Grillparty. [ist / sind]

□□□ 14 Etwa 30 Prozent des gesamten Erdöls ________ im Orient gefördert. [wird / werden]

14 ________
100パーセントを満たしているわけじゃないけど…

□□□ 15 Die Hälfte der 50 Meter ________ kurz. [ist / sind]

□□□ **⓰** Ein halbes Glas Wasser _____ für diesen Durst nicht aus. [reicht / reichen]

□□□ **⓱** Eine Herde Schafe _____ plötzlich herein. [kam / kamen]

□□□ **⓲** Eine Bande Banditen _____ in den Bergen. [lebt / leben]

□□□ **⓳** Drei Viertel des Vermögens _____ verloren. [war / waren]

⓳

4分の3って「1」ではないわけだから…

□□□ **⓴** 500 Gramm _____ ein Pfund. [ist / sind]

[　]の中から適切な代名詞あるいは冠詞を選んで下線部に入れ、ドイツ語の文を完成させてみましょう。

□□□ ㉑ Herr Meyer, _____ Leiter des Instituts, ist erkrankt. [der / des / dessen / dem / den]

㉑

動詞の位置からして関係文ではないってことだな。

□□□ ㉒ In Berlin, _____ Hauptstadt Deutschlands, gibt es viele Museen. [das / des / dem / die / der / deren]

□□□ ㉓ Sie sehen die Zugspitze, _____ höchsten Berg der deutschen Alpen. [der / des / dessen / dem / den / die / deren]

㉓

Zugspitze がドイツで最も高い山ってことだから…

□□□ ㉔ Durch den Eilenriede, _____ der Parks
in Hannover geht sie jeden Tag zur Arbeit.
[der / dem / den / ein / einem / einen]

□□□ ㉕ Die Werke Vivaldis, _____ bedeutenden ㉕ _____
Vertreters der Barockmusik, mag ich gern. Vivaldis の「s」はなん
[der / des / dessen / dem / den / die / deren / だろう？
ein / eines / einem / einen]

「数の一致」とは、ここでは主語の数に合わせた**動詞の人称変化**を指します。その際、「肉」のような物質名詞（不可算名詞）では、それ自体は単数扱いであっても、その量（重さ）が２キロ以上である場合、たとえば**「10 キロの肉」は複数扱い**となります。また、単数要素と複数要素が**コピュラ動詞**（等号を示す役割を果たす動詞）でつながれた場合、動詞は複数の変化を伴います。

「同格」とは、**文中で異なる要素が同じものを指す**場合を言います。動詞や前置詞の格支配に準じて、**同じ格で表現**します。日本語でも「我々人間は」なんて言い方がありますね。この場合、「我々」と「人間」が同格です。

Lösungsbeispiele

① Familie Möller ist nach Köln umgezogen.

② Die Alpen sind das schönste Gebirge Mitteleuropas.

③ Zwei Dutzend Eier liegen im Kühlschrank.

④ Ein Kilogramm Fleisch ist zu wenig für die Grillparty.

⑤ Ein altes Kulturvolk waren die Ägypter.

❻ Das wertvollste Stück der Bibliothek ist eine handgeschriebene Bibel.

❼ Das Kilogramm Äpfel kostet fünf Euro.

❽ Ein Bienenschwarm hat uns angegriffen.

❾ Eine Menge alter Leute bestieg den Bus.

❿ Eine Ursache der Luftverschmutzung sind die Industrieabgase.

⑪ Die Geschwister Uhl werden Arzt.

⑫ Vier Dosen Bier kosten nur drei Euro.

⑬ Zehn Kilogramm Fleisch sind zu viel für die Grillparty.

Lösungsbeispiele

⑭ Etwa 30 Prozent des gesamten Erdöls werden im Orient gefördert.

⑮ Die Hälfte der 50 Meter ist kurz.

⑯ Ein halbes Glas Wasser reicht für diesen Durst nicht aus.

⑰ Eine Herde Schafe kam plötzlich herein.

⑱ Eine Bande Banditen lebt in den Bergen.

⑲ Drei Viertel des Vermögens waren verloren.

⑳ 500 Gramm sind ein Pfund.

㉑ Herr Meyer, der Leiter des Instituts, ist erkrankt.

㉒ In Berlin, der Hauptstadt Deutschlands, gibt es viele Museen.

㉓ Sie sehen die Zugspitze, den höchsten Berg der deutschen Alpen.

㉔ Durch den Eilenriede, einen der Parks in Hannover, geht sie jeden Tag zur Arbeit.

㉕ Die Werke Vivaldis, eines bedeutenden Vertreters der Barockmusik, mag ich gern.

„Ich gehe morgen zur Post." を想う

　zuとin + 4格の違いはと言えば、in + 4格は、ある建物の「中」に入ることこと。だから、まずもって「人」のところに行くときは必ずzuを使う。ただ、建物のところに行くときにもzuを使うけど、この場合は中には入らないってこと？ そんなはずはない。zur Kirche gehenとかzur Schule gehenって言うとき、当然その教会や学校の中に入ってなにかをする。大事なのは、この「なにかをする」ってことで、中か否かの空間というより、むしろ「目的」を表すことが肝心。たとえばzu ihrer Rettung（彼女を救うために）とかetwas zum Trinken（なにか飲み物（飲むための物））のzuがこれ。そう考えると、zur Kirche gehenってのは、ただ「教会（の建物のところ）に行く」ってことじゃなくて、「礼拝（という目的）をしに行く」ってことだし、zur Schule gehenは、「授業を受けに行く」、つまりは「通学する」って意味になる。ほかにも、zur Hochzeit gehenとかzum Begräbnis gehenなんてのもあって、これらも、結婚式場とか葬儀場に行くってことだけど、当然、建物に向かうということが問題じゃなく、それぞれの「イベント（なにをしに行くのか）」に焦点が当てられる。たとえばzur Schule gehenをヒントに考えてみると、zur Post gehenってのも、郵便局を「ある目的で頻繁に通う場所」として捉えているのかも。この意味で、きっとin die Post gehenとは微妙なニュアンスがあるんだろうな。また、目的地ってのを「着点」って考えると、Der Zug fährt bald zum Bahnhof.なんかも同じように考えられるのかも……zzz

„Auf dem Markt kaufe ich einen Apfel." を想う

aufは「上」の意味が最初に浮かぶけど、「市場で」と言うとき aufを使うんだよな。閉鎖的な空間ってわけじゃないから、im Marktとは言わないのはなんとなくわかるけど、市場の「上」って感覚はちょっとわかりにくいなぁ。ここはひとつ発想を変えて、たとえば auf der Reise sein（旅行中である）とか auf der Suche nach ~ sein（～を捜索中である）とかを考えてみる。これらは、その活動の最中って感じだ。そうすると、aufには、その場所で「活動する」とか「営む」みたいな意味があるのかも。

これ、ひょっとして「ある目的でその場所に行く」という zuの用法と似てるところがあったりして!?　そういえば、zuと結びつくBahnhof, Gericht, Amt, Rathaus, Post, Bank, Uni, Schule, Polizeiなんかは、ぜんぶ auf + 3格／4格で表現できる場所。auf den Markt gehenとも言うし。これらの場所って、なにか共通点があるのかな？　あっ、ぜんぶいわゆる「公共機関」なんじゃないか!?　でも、なんでaufなんだろう。aufって、ほかにもたとえば Feld「畑」、Wiese「草原」、Hof「中庭」なんて場所に対しても使われるけど、これってぜんぶ平らで開放的な場所。「開かれた空間」って感じ。うん？　「世間に開かれた場→公の場→公共機関」なんてね。ちょっとこじつけにすぎるかな ...。

ちなみに、Kinder spielen oft auf der Straße.は、路の「上」ってことで文法も意味も正しいし、子供にとっては開放的な場所かもしれないけれど、危ないから遊んじゃだめ ......zzz

それぞれの（　）に必要に応じてコンマを打ち、日本語に合うドイツ語の文を完成させてみましょう。

□□□ ① 紙、鉛筆、ボールペン、万年筆、消しゴムなどを買います。
Papier（　）Bleistifte（　）Kulis（　）Füller（　）
Radiergummis（　）usw.（　）kaufe（　）ich（　）
heute.

□□□ ② 家屋敷、草原、田畑や森林が深い雪に覆われた。
Haus（　）und（　）Hof（　）Wiesen（　）Felder（　）
und（　）Wälder（　）waren（　）tief（　）verschneit.

②

①との違いはなんだろう。こっちはなにかリズムのようなものを感じるなぁ。

□□□ ③ 郵便局に行くならこの手紙持って行って！
Wenn（　）du（　）zur Post（　）gehst（　）nimm（　）
bitte（　）diesen（　）Brief（　）mit!

□□□ ④ 彼は、電話があるだろうと思い自宅にいた。
Er（　）blieb（　）zu（　）Hause（　）weil（　）er（　）
wusste（　）dass（　）man（　）ihn（　）anrufen（　）
würde.

④

ちょっと複雑だなぁ。

□□□ ⑤ 太郎と花子は子供を授かって結婚した。
Taro（　）und（　）Hanako（　）bekamen（　）
ein（　）Kind（　）und（　）sie（　）heirateten.

⑤

いわゆる「授かり婚」ってことだな。

□□□ ⑥ 彼は床で目覚め、クロークのコートを着て、家を出た。
Er（　）wachte（　）auf（　）dem（　）Boden（　）
auf（　）zog（　）den Mantel（　）an（　）der
Garderobe（　）an（　）verließ（　）das（　）Haus.

□□□ ⑦ 彼らは脱獄に成功した。
Es（　）gelang（　）ihnen（　）aus（　）dem（　）
Gefängnis（　）zu（　）fliehen.

⑦

「刑務所出身の彼ら」じゃおかしいしなぁ。

□□□ [8] みんな踊ったり飛び跳ねたりしている。

Alle ( ) tanzen ( ) hüpfen ( ) oder ( ) springen.

□□□ [9] 彼は私に、目の前の女性と握手で挨拶しないよう忠告した。

Die ( ) Frau ( ) die ( ) vor ( ) mir ( ) steht ( ) mit ( ) Handschlag ( ) zu ( ) begrüßen ( ) davon ( ) riet ( ) er ( ) mir ( ) ab.

[9] うわぁ、むずかしい！

□□□ [10] ハイケは町に行き、ほかのみんなは家にいた。

Heike ( ) ging ( ) in ( ) die ( ) Stadt ( ) die ( ) anderen ( ) blieben ( ) zu ( ) Hause.

[10] 「対照」になってるんだな。

□□□ ⑪ 外が雷雨にもかかわらず彼女は出発し、ドナウ河畔のカフェに行った。

Sie ( ) zog ( ) los ( ) obwohl ( ) es ( ) draußen ( ) regnete ( ) und ( ) donnerte ( ) und ( ) ging ( ) in ( ) das ( ) Café ( ) das ( ) an ( ) der ( ) Donau ( ) liegt.

□□□ ⑫ 私は彼に泳ぐこと、少なくとも100メートルは頑張り抜くよう頼んだ。

Ich ( ) bat ( ) ihn ( ) zu ( ) schwimmen ( ) mindestens ( ) 100 m ( ) durchzuhalten.

□□□ ⑬ 手引きにしたがって彼はその手紙を書いた。

Den ( ) Anweisungen ( ) entsprechend ( ) schrieb ( ) er ( ) den ( ) Brief.

⑬ これって副文ってわけじゃないよな。

□□□ ⑭ 彼は、人類を救うため、その扉を力づくでこじ開けた。

Er ( ) brach ( ) um ( ) die ( ) Menschen ( ) zu ( ) retten ( ) die ( ) Tür ( ) mit ( ) Gewalt ( ) auf.

□□□ ⑮ 新しい職場は前のところほど居心地が良くない。

Der ( ) neue ( ) Arbeitsplatz ( ) ist ( ) nicht ( ) so ( ) angenehm ( ) wie ( ) es ( ) der ( ) alte ( ) war.

□□□ **16** 1517年に彼は、ヴィッテンベルクの教会の扉に、教会に関する問題について95の論題を記した文書を突きつけた。

1517 ( ) heftete ( ) er ( ) ein ( ) Schriftstück ( ) mit ( ) 95 ( ) Thesen ( ) in ( ) denen ( ) er ( ) zu ( ) kirchlichen ( ) Fragen ( ) Stellung ( ) nahm ( ) an ( ) die ( ) Kirchentür ( ) von ( ) Wittenberg.

16

長いけど、ちゃんと見れば単純だ。

□□□ **17** 今日彼女は大学に行かない。というのも、熱があるからだ。

Heute ( ) geht ( ) sie ( ) nicht ( ) zur ( ) Uni ( ) denn ( ) sie ( ) hat ( ) Fieber.

17

denn って確か、und と同じ並列接続詞だったよな。

□□□ **18** それは冷たくて苦い味のする飲み物だ。

Das ( ) ist ( ) ein ( ) kaltes ( ) bitter ( ) schmeckendes ( ) Getränk.

□□□ **19** トーマスは素敵な黒いスーツを欲しがっている。

Thomas ( ) möchte ( ) einen ( ) tollen ( ) schwarzen ( ) Anzug.

19

18 と何が違うんだろう。

□□□ **20** ボンのケーニヒスバッハ-ミッテ、リング通り53番地出身のハラルド・リーデルは有名な医者です。

Harald ( ) Riedel ( ) aus ( ) Bonn ( ) Königsbach-Mitte ( ) Ringstraße ( ) 53 ( ) ist ( ) ein ( ) bekannter ( ) Arzt.

□□□ 21 モニカと私の友達と私は今晩美術館に行く。

Monika ( ) meine ( ) Freundin ( ) und ( ) ich ( ) gehen ( ) heute ( ) Abend ( ) ins ( ) Kunstmuseum.

□□□ 22 私の友達のモニカと私は今晩美術館に行く。

Monika ( ) meine ( ) Freundin ( ) und ( ) ich ( ) gehen ( ) heute ( ) Abend ( ) ins ( ) Kunstmuseum.

22

21 と微妙に違うなぁ。

□□□ 23 私の父は、昨日母と公園でテニスをしたと言い張った。

Mein ( ) Vater ( ) behauptete ( ) gestern ( ) mit ( ) meiner ( ) Mutter ( ) im ( ) Park ( ) Tennis ( ) gespielt ( ) zu ( ) haben.

□□□ ㉔ 昨日私の父は、母と公園でテニスをしたと言い張った。
Mein（ ）Vater（ ）behauptete（ ）gestern（ ）
mit（ ）meiner（ ）Mutter（ ）im（ ）Park（ ）
Tennis（ ）gespielt（ ）zu（ ）haben.

㉔
うん？　㉓と何が違う？

□□□ ㉕ 昨日私の父は母と、公園でテニスをしたと言い張った。
Mein（ ）Vater（ ）behauptete（ ）gestern（ ）
mit（ ）meiner（ ）Mutter（ ）im（ ）Park（ ）
Tennis（ ）gespielt（ ）zu（ ）haben.

㉕
うん？　㉔との違いは？

Tippchen!

　「コンマ」は言わば「連結詞」の一つとして、たとえば互いに等価（等級）である**語を列挙**するような場合に用いられます。また、**主文と従属文（副文）、関係文などを分かつ**際にも使われます。単純には並列接続詞 **und や oder の代わり**と考えて間違いではないのですが、語を列挙したり、主文と主文をつないだりするときでも、und の使用の有無に意味があるため、それにしたがって**コンマの使用の有無**も関係します。また、**コンマの使用が任意**である場合など、一言にコンマと言ってもなかなか奥が深いものです。

Lösungsbeispiele 以下、(,) は任意

1. Papier, Bleistifte, Kulis, Füller, Radiergummis usw. kaufe ich heute.

2. Haus und Hof, Wiesen, Felder und Wälder waren tief verschneit.

3. Wenn du zur Post gehst, nimm bitte diesen Brief mit!

4. Er blieb zu Hause, weil er wusste, dass man ihn anrufen würde.

5. Taro und Hanako bekamen ein Kind(,) und sie heirateten.

---

6. Er wachte auf dem Boden auf, zog den Mantel an der Garderobe an, verließ das Haus.

7. Es gelang ihnen(,) aus dem Gefängnis zu fliehen.

8. Alle tanzen, hüpfen oder springen.

9. Die Frau, die vor mir steht, mit Handschlag zu begrüßen, davon riet er mir ab.

10. Heike ging in die Stadt, die anderen blieben zu Hause.

---

11. Sie zog los, obwohl es draußen regnete und donnerte, und ging in das Café, das an der Donau liegt.

12. Ich bat ihn, zu schwimmen, mindestens 100 m durchzuhalten.

13. Den Anweisungen entsprechend schrieb er den Brief.

Lösungsbeispiele 以下、(,) は任意

⑭ Er brach, um die Menschen zu retten, die Tür mit Gewalt auf.

⑮ Der neue Arbeitsplatz ist nicht so angenehm, wie es der alte war.

⑯ 1517 heftete er ein Schriftstück mit 95 Thesen, in denen er zu kirchlichen Fragen Stellung nahm, an die Kirchentür von Wittenberg.

⑰ Heute geht sie nicht zur Uni, denn sie hat Fieber.

⑱ Das ist ein kaltes, bitter schmeckendes Getränk.

⑲ Thomas möchte einen tollen schwarzen Anzug.

⑳ Harald Riedel aus Bonn, Königsbach-Mitte, Ringstraße 53(,) ist ein bekannter Arzt.

㉑ Monika, meine Freundin und ich gehen heute Abend ins Kunstmuseum.

㉒ Monika, meine Freundin, und ich gehen heute Abend ins Kunstmuseum.

㉓ Mein Vater behauptete, gestern mit meiner Mutter im Park Tennis gespielt zu haben.

㉔ Mein Vater behauptete gestern, mit meiner Mutter im Park Tennis gespielt zu haben.

㉕ Mein Vater behauptete gestern mit meiner Mutter, im Park Tennis gespielt zu haben.

„Ich stehe jetzt auf dem Turm." を想う

auf dem Tischが「机の上」だから、「塔の上」ももちろんaufなん
だろうけど、これって同じかな。たとえば、高さが150メートルの塔があっ
て、100メートルあたりに展望台があったとき、てっぺんにいるわけじゃ
なくても auf dem Turmと言う。auf dem Bergなんかも同じで、別
に必ず頂上じゃなくても、たとえば山荘が山の中腹にあってもやっぱり
auf。つまり、「上」っていうのは、平面より高い環境にあるってことで、
ある特定の位置から見て、その地点より高い場所に居たり在ったりすれば
aufを使って表す。そして、展望台なんかがわかりやすいけど、見晴らし
のいい高い場所で、人はよく「気持ちいい！」って言うけど、あれって、
aufが「開放的な空間」と密接に関係していることにつながるんじゃない
かな。ちなみに、日本語だと、「山の中に佇む別荘」なんて言ったりする
けど、ドイツ語でeine Villa im Bergなんて言ったらとんでもないこと
になる。

ところで、家の中で雨漏りに気づいたとき、日本語だと「屋根（の上）に
穴が開いている」って解釈だけど、ドイツ語では、Im Dach gibt es ein
Loch.と言う。もちろん屋根の上に穴がなければ雨水は漏れたりしないはず
だけど、家の中にぽたぽた落ちてるってことは、穴は屋根を貫通してるって
ことだから、穴のある場所はinってことになる。でも、自分が屋根の上にい
て、屋根に穴を発見したときは、auf dem Dachとなる。上から見たら穴
が貫通してるかどうかはわからず、ただ少なくとも、厚みのある屋根の上側
に穴が開いているからかな。難しいなぁ ......ZZZ

„Ich schlafe heute Abend bei meiner Großmutter." を想う

　beiには、anと同じく「近接」の意味がある。日本語の漢字で考えて
みると、おおよそanは「際」、「辺」、「畔」に対応していて、am Fenster
「窓際」、am Ufer「岸辺」、am Rhein「ライン河畔」といった場所に対
して使われる。一方、beiは「傍」って感じで、対象に身を寄せるってイ
メージ。だから「人の近く」ってときはbeiを使う。日本語でも「誰かの
傍（そば）」とは言うけど、「誰かの際（きわ）」とは言わないよね。「私の
そばにいて」は英語でStand by me.で、ドイツ語ではBleib bei mir!

　動詞が違うって思うかもだけど、Stand by me.には「味方でいて」っ
て意味もあって、そのドイツ語はSteh mir bei!だったりする。このとき
のbeiは分離の前つづりなんだけど、それでもbeiが使われることが面白
いよね。

　それで、bei meiner Großmutter schlafenと言うと、「おばあさん
の家に身を寄せて眠る」なので、それにheute Abendみたいに時間的制限
がつくと、「おばあさん家にお泊りする」といった意味になる。おばあさん
のお世話になるって感じかな。ちなみに、beiの代わりにmitで表現すると、
まさに「おばあさんと一緒に（同じ布団で）眠る」ということになる。た
とえば、Mein Kind schläft jeden Abend mit einem Teddy.なん
て言えばわかりやすいかな。ルームシェアなんかで、「今はドイツ人とフラ
ンス人と一緒に住んでるよ」なんてときもmit ... wohnenってことだね。
その人たちに身を寄せてお世話になってるって感じじゃないもんね......zzz

Lektion 47　作文（早口ことば？）

　　[　　　]の不定形の動詞を参照して、（　　　　）に人称代名詞を、<u>下線部</u>に動詞の
定形を入れ、日本語に合うドイツ語の文を完成させてみましょう。

□□□ ① 彼女は、赤と黄色と茶色のパジャマを持っている。

　　　[rot, gelb, braun, *r.* Pyjama, haben]

①
形容詞の語尾変化だな。

　　　_____

　　　_____

□□□ ② それは麦と米と生卵です。

　　　[*r.* Weizen, *r.* Reis, roh, *s.* Ei]

　　　_____

　　　_____

□□□ ③ その除雪車は除雪作業中だ。

　　　[*s.* Räumfahrzeug, jetzt, *r.* Schnee, räumen]

　　　_____

　　　_____

□□□ ④ 私は、青と赤と黄色の巻紙を買った。（過去形）

　　　[blau, rot, gelb, *e.* Papierrolle, kaufen]

　　　_____

　　　_____

□□□ ⑤ そのバスはガス爆発を起こした。（完了形）

　　　[*r.* Bus, wegen, *e.* Gasexplosion, explodieren]

⑤
-ieren動詞の過去分
詞！

　　　_____

　　　_____

□□□ **6** この酢は少し酸っぱすぎる。

[*r.* Essig, ein bisschen, sauer, zu, sein]

_____

_____

□□□ **7** あの布は名のない布なの。

[*s.* Tuch, da, *r.* Name, haben]

_____

_____

□□□ **8** ある日あるアヒルがひるんだ。（過去形）

[*r.* Tag, *e.* Ente, verzagen]

8

「ある日」って、決まった言い方があったような…

_____

_____

□□□ **9** 一人の女医が新設診察室を視察する。[*r.* Arzt,

neu errichten, *s.* Sprechzimmer, besichtigen]

_____

_____

□□□ **10** 社長が査証を申請した。（完了形）

[*r.* Direktor, *s.* Visum, beantragen]

10

非分離動詞の過去分詞！

_____

_____

□□□ ⑪ 老若男女が牢屋に何の用？〔alt, jung, *r.* Mann,
e. Frau, wozu, zu, *s.* Gefängnis, kommen〕

_____

_____

□□□ ⑫ 老婆はそれがラバかロバかわからなかった。（過去形）
〔alt, *e.* Frau, ob, *s.* Maultier, *r.* Esel, wissen〕

⑫
副文の語順は？

_____

_____

□□□ ⑬ 親と八百屋にお謝り！（du）〔*pl.* Eltern,
r. Gemüsehändler, bei, sich entschuldigen〕

⑬
命令文でduといえば？

_____

_____

□□□ ⑭ 私は歌うたいくらい歌うまくないので歌うたわない。
〔wie, weil, *r.* Sänger, gut, singen, können〕

_____

_____

□□□ ⑮ 彼は八日の夜中に夜回りする。
〔an, *e.* Nacht, Wache halten〕

⑮
不規則な変化をする動
詞の中でも特に気をつ
けないと。

_____

_____

□□□ **16** 見ろ、アンドロメダ座だぞ！ (ihr)

[mal, da, *e.* Andromeda, sehen]

_____

_____

□□□ **17** 彼は、「酒」と「鮭」を坂で叫ぶ酒飲みです。[„Reiswein",

„Lachs", auf, *r.* Hügel, *r.* Trinker, schreien]

_____

_____

□□□ **18** 坊主が上手な坊主の絵を描いた。(完了形)

[*r.* Bonze, gut, *s.* Bild, von, malen]

_____

_____

□□□ **19** 彼は右耳にミニにきびがある。

[*s.* Pickelchen, auf, recht, *s.* Ohr, haben]

_____

_____

□□□ **20** 旅行客はみな地図帳でチェジュ島を探す。

[all-, *r.* Tourist, Jejudo, in, *r.* Atlas, suchen]

_____

_____

□□□ ㉑ その魔術師は派出所で手術中だ。[r. Zauberer,

　　　 gerade, in, e. Polizeiwache, operieren, werden]

㉑

受動文で表してみよ
うってことだな。

_____

_____

□□□ ㉒ ママのなぞなぞはまだ謎のままだ。

　　　 [s. Rätsel, e. Mutter, immer noch, bleiben]

_____

_____

□□□ ㉓ 明日新春シャンソンショーが開催される。[morgen,

　　　 e. Neujahrschansonshow, stattfinden]

_____

_____

□□□ ㉔ すもももももももなの？

　　　 [e. Pflaume, r. Pfirsich, sowohl, als auch]

㉔

相関接続詞を使うのか。

_____

_____

□□□ ㉕ 早口言葉は早朽ちた。（完了形）

　　　 [r. Zungenbrecher, schon, veralten]

_____

_____

Lösungsbeispiele

1. Sie hat einen roten, einen gelben und einen braunen Pyjama.
2. Das sind Weizen, Reis und ein rohes Ei.
3. Das Räumfahrzeug räumt jetzt Schnee.
4. Ich kaufte eine blaue, eine rote und eine gelbe Papierrolle.
5. Der Bus ist wegen einer Gasexplosion explodiert.

6. Der Essig ist ein bisschen zu sauer.
7. Das Tuch da hat keinen Namen.
8. Eines Tages verzagte eine Ente.
9. Eine Ärztin besichtigt ein neu errichtetes Sprechzimmer.
10. Der Direktor hat ein Visum beantragt.

11. Wozu kommen Alt und Jung, Männer und Frauen zum Gefängnis?
12. Die alte Frau wusste nicht, ob das ein Maultier oder ein Esel ist.
13. Entschudig(e) dich bei deinen Eltern und dem Gemüsehändler!
14. Ich singe nicht, weil ich nicht so gut wie ein Sänger singen kann.
15. Er hält am 8. in der Nacht Wache.

16. Seht mal! Da ist die Andromeda!
17. Er ist ein Trinker, der auf dem Hügel „Reiswein“ und „Lachs“ schreit.
18. Ein Bonze hat ein gutes Bild von einem Bonzen gemalt.
19. Er hat ein Pickelchen auf seinem rechten Ohr.
20. Alle Touristen suchen Jejudo im Atlas.

21. Der Zauberer wird gerade in der Polizeiwache operiert.
22. Das Rätsel von meiner Mutter bleibt immer noch ein Rätsel.
23. Morgen findet die Neujahrschansonshow statt.
24. Sind sowohl Pflaume als auch Pfirsich Pfirsiche?
25. Zungenbrecher sind schon veraltet.

Lektion 48　作文（名言・格言？＜その1＞）

[　　]の単語ヒントを参照し、場合により（　　　）の指示に従って、日本語に合うドイツ語の文を完成させてみましょう。

□□□ ① 疑うことは恋、信じることが愛。[romantisch,

e. Liebe, *r.* Zweifel, echt, *s.* Vertrauen, bringen]

①
直訳では全くできそうにないな。

_____

_____

□□□ ② 恋は思い出に変わり、愛は憎しみに変わる。

[aus, romantisch, *e.* Liebe, *e.* Erinnerung,
echt, *r.* Hass, werden]

_____

_____

□□□ ③ 忘れたいのではなく、思い出したくない恋がある。

[es gibt, *e.* Liebe, man, nicht ... sondern,
vergessen, sich erinnern, wollen]

③
関係代名詞を使って…

_____

_____

□□□ ④ 臆病が恋を妨げるのではない。

[*e.* Feigheit, *e.* Liebe, stören]

_____

_____

□□□ ⑤ 恋の痛みが人を臆病にさせるのだ。

[*r.* Liebeskummer, einer, feige, machen]

_____

_____

213

□□□ **6** 手紙が距離を埋め、心がその行間を埋める。[*r.* Brief,
e. Entfernung, *s.* Herz, *r.* Zeilenabstand, füllen]

_____

_____

□□□ **7** 人を知るのに大切なのは時間ではない。
[*e.* Zeit, wichtig, um, *r.* Mensch, verstehen]

7

zu不定詞を使ってみ
たらどうだろう。

_____

_____

□□□ **8** 人を想うのに大切なのは距離ではない。
[*e.* Entfernung, wichtig, um, *r.* Mensch, lieben]

_____

_____

□□□ **9** 時間と距離は人を忘れるために必要である。
[*e.* Zeit, *e.* Entfernung, nur, wichtig, um,
r. Mensch, vergessen]

_____

_____

□□□ **10** どんどん悩め！ そして、決めたら迷うな！
[immer, leiden, schwanken, mehr, wenn,
sich entschließen, haben]

10

duに対する命令文で考
えてみよう。

_____

_____

□□□ ⑪ たった一人を幸せにできないこと。(dass文)

［man, nicht einer, glücklich, machen, können］

□□□ ⑫ それは、一億人を敵にするよりつらい。［hart, als, dass, man, hundert Millionen, *r.* Feind, sich machen］

⑫

あ、この「格言？」は⑪とセットってことか。

□□□ ⑬ 怒りは三日と持たない。

［*r.* Zorn, nicht einmal, Tag, halten］

□□□ ⑭ 悲しみは一生続く。

［*e.* Trauer, für immer, dauern］

□□□ ⑮ 不幸は幸せの保険である。

［*s.* Unglück, für, s. Glück, *e.* Versicherung］

□□□ **16** 「できない」は「やりたくない」の代弁だ。

[ich, können, heißen, wollen]

16

「　」は引用符で表してみよう。

_____

_____

□□□ **17** 心が強い者は謙虚になる。

[wer, mental, stark, bescheiden, werden]

17

不定関係代名詞の問題だな。

_____

_____

□□□ **18** 心が弱い者は傲慢になる。

[wer, mental, schwach, arrogant, werden]

_____

_____

□□□ **19** 「酔ったせい」とは便利なことばだ。

[wegen, _s._ Alkohol, praktisch, _r._ Ausdruck]

_____

_____

□□□ **20** 「生」は100年、「死」は何年？

[_s._ Leben, _s._ Jahr, dauern, wie lange, _r._ Tod]

_____

_____

□□□ ㉑ 他人は自分の鏡。

[jemand, anders, *r.* Spiegel, eigen, *s.* Selbst]

_____

_____

□□□ ㉒ 恋愛とは信じ合い、それとも騙し合い？ [*e.* Liebe,

s. Mittel, *s.* Vertrauen, oder, *r.* Betrug]

㉒
「信じるという手段」
みたいな考え方かな。

_____

_____

□□□ ㉓ 他人を傷つける嘘は悪だ。[*e.* Lüge, man, einer

anderer, verletzen, schlecht]

_____

_____

□□□ ㉔ 自分を偽る嘘は最悪だ。

[*e.* Lüge, man, sich selbst, belügen, schlecht]

_____

_____

□□□ ㉕ 「絶対」ということばは絶対にない。

[*s.* Wort, absolut, existieren]

_____

_____

Lösungsbeispiele

① Eine romantische Liebe bringt Zweifel, eine echte Liebe bringt Vertrauen.

② Aus romantischer Liebe wird Erinnerung, aus echter Liebe wird Hass.

③ Es gibt eine Liebe, die man nicht vergessen (will), sondern an die man sich nicht erinnern will.

④ Feigheit stört die Liebe nicht.

⑤ Liebeskummer macht einen feige.

❻ Ein Brief füllt die Entfernung und das Herz füllt dessen Zeilenabstand.

❼ Die Zeit ist nicht wichtig, um einen Menschen zu verstehen.

❽ Die Entfernung ist nicht wichtig, um einen Menschen zu lieben.

❾ Die Zeit und die Entfernung sind nur wichtig, um einen Menschen zu vergessen.

❿ Leid(e) immer! Und schwank nicht mehr, wenn du dich entschlossen hast!

⑪ Dass man nicht einen glücklich machen kann.

⑫ Das ist härter als, dass man sich hundert Millionen Feinde macht.

⑬ Zorn hält nicht einmal 3 Tage.

⑭ Trauer dauert für immer.

⑮ Unglück ist eine Versicherung fürs Glück.

⓰ „Ich kann nicht" heißt „ich will nicht".

⓱ Wer mental stark ist, (der) wird bescheiden.

⓲ Wer mental schwach ist, (der) wird arrogant.

⓳ „Wegen des Alkohols" ist ein praktischer Ausdruck.

⓴ Das Leben dauert 100 Jahre, wie lange dauert der Tod?

㉑ Jemand anders ist der Spiegel des eigenen Selbsts.

㉒ Ist Liebe ein Mittel des Vertrauens oder des Betrugs?

㉓ Eine Lüge, mit der man einen anderen verletzt, ist schlecht.

㉔ Eine Lüge, mit der man sich selbst belügt, ist am schlechtesten.

㉕ Das Wort „absolut" existiert absolut nicht.

Lektion 49 作文 （名言・格言？＜その２＞）

[　　] の単語ヒントを参照し、場合により （　　　） の指示に従って、日本語に合うドイツ語の文を完成させてみましょう。

□□□ ① 大丈夫。出口はどこにでもある。

[e. Sorge, überall, r. Ausgang, geben]

①
「大丈夫」ってのは「心配無し」って言い方だな。

_____

_____

□□□ ② あとは入口を見つければいい。（esで始める）

[jetzt, nur, wichtig, sein, r. Eingang, finden]

_____

_____

□□□ ③ 金という香水は、傲慢と怠惰の香りがする。

[s. Parfüm, namens, s. Geld, nach, e. Arroganz, e. Faulheit, duften]

_____

_____

□□□ ④ 大事なのは、信じるか否かではない。

[was, wichtig, sein, ob, man, jemand, vertrauen]

④
不定関係代名詞の問題だな。

_____

_____

□□□ ⑤ 一番大切なのは、信じたいか否かである。[was, wichtig, sein, ob, man, jemand, vertrauen, wollen]

_____

_____

□□□ **6** 1は100より小さいが、100は1の集合だ。
[s. Eins, sein, klein, s. Hundert, zwar ... aber,
aus, e. Menge, zusammensetzen, werden]

_____

_____

6

Hundertを先行詞として考えてみよう。

□□□ **7** 信じる者に願いは叶う。[derjenige, glauben,
r. Wunsch, erfüllen, werden]

_____

_____

□□□ **8** 願う者に奇跡は起こる。[derjenige, wünschen,
s. Wunder, geschehen]

_____

_____

□□□ **9** だったら奇跡を信じればいい。[dann, man, einfach,
an, s. Wunder, glauben, sollen]

_____

_____

□□□ **10** 宝は掘り起こすものである。
[r. Schatz, sein, es, man, ans Licht, bringen]

_____

_____

10

こりゃ難しそうだ。とにかく関係文で考えてみよう。

□□□ ⑪ 宝は掘り起こされるものではない。

［ *r*. Schatz, sein, es, ans Licht, bringen, werden ］

⑪
❿を受動態にってことか。

□□□ ⑫ 「しなければならない」という考え方はしてはいけない。

［ *e*. Denkweise, ich, machen, müssen, das, man, haben, sollen ］

□□□ ⑬ 「無いもの」より「有るもの」のために生きよう。［ wir, für, nicht ... sondern, „Nichts", „Etwas", leben ］

⑬
「〜しよう」ってどう言うんだっけ。

□□□ ⑭ 「有るもの」は、時として一瞬でなくなってしまうから。

［ weil, „Etwas" manchmal, in, *r*. Augenblick, verloren gehen ］

□□□ ⑮ そして人生は、限り有るものだ。

［ *s*. Leben, begrenzen ］

⑮
⑬⑭とセットだな。

□□□ **⑯** 「お前は変わった」という人がいる。(直接話法)

[man, sagen, sich ändern, haben]

_____

_____

□□□ **⑰** そういう人間は、自分が変わったことに気づいていない。 **⑰**

(zu不定詞) [solch-, _r._ Mensch, bemerken, selbst, ⑯の続きだな。

sich ändern, haben]

_____

_____

□□□ **⑱** 「疑う」とは信じている証だ。

[_s._ Zweifeln, sein, _r._ Beweis, _s._ Glauben]

_____

_____

□□□ **⑲** 真の勝者とは敗者の強さを称えられる者である。

[_r._ Sieger, wahr, derjenige, _e._ Stärke, _r._ Verlierer,

preisen, können]

_____

_____

□□□ **⑳** 虚勢はいつか身をほろぼす。[_r._ Bluff, irgendwann,

sich Selber, zugrunde richten]

_____

_____

□□□ ㉑ 「完璧」という弱点が最も克服困難である。

　　　[*e.* Schwäche, „Perfektionismus", schwierig,

　　　überwinden]

㉑

受動文で考えてみよう
かな。

＿＿＿＿＿＿＿＿＿＿＿＿＿＿＿＿＿＿

＿＿＿＿＿＿＿＿＿＿＿＿＿＿＿＿＿＿

□□□ ㉒ 思いやりと傲慢は紙一重。[zwischen, *e.* Rücksicht,

　　　e. Arroganz, hauchdünn, *r.* Unterschied, geben]

＿＿＿＿＿＿＿＿＿＿＿＿＿＿＿＿＿＿

＿＿＿＿＿＿＿＿＿＿＿＿＿＿＿＿＿＿

□□□ ㉓ 先を見るのが怖い。(zu不定詞で始める)

　　　[in, *e.* Zukunft, blicken, sein, fürchterlich]

＿＿＿＿＿＿＿＿＿＿＿＿＿＿＿＿＿＿

＿＿＿＿＿＿＿＿＿＿＿＿＿＿＿＿＿＿

□□□ ㉔ それは未来を恐れているのではない。[an ... liegen,

　　　dass, man, vor, *e.* Zukunft, sich fürchten]

㉔

「それは」だからdas
から始めてみよう。

＿＿＿＿＿＿＿＿＿＿＿＿＿＿＿＿＿＿

＿＿＿＿＿＿＿＿＿＿＿＿＿＿＿＿＿＿

□□□ ㉕ それは過去に怯えているだけだ。

　　　[sondern, an ... liegen, nur, dass, man,

　　　e. Vergangenheit, scheuen]

㉕

㉔の続きだから、sondern
から始めよう。

＿＿＿＿＿＿＿＿＿＿＿＿＿＿＿＿＿＿

＿＿＿＿＿＿＿＿＿＿＿＿＿＿＿＿＿＿

Lösungsbeispiele

1. Keine Sorge! Es gibt überall Ausgänge.

2. Es wäre jetzt nur wichtig, den Eingang zu finden.

3. Ein Parfüm namens Geld duftet nach Arroganz und Faulheit.

4. Was wichtig ist, ist nicht, ob man jemandem vertraut oder nicht.

5. Was das wichtigste ist, ist, ob man jemandem vertrauen will oder nicht.

6. Eins ist zwar kleiner als Hundert, das aber aus der Menge von Eins zusammengesetzt wird.

7. Demjenigen, der glaubt, wird der Wunsch erfüllt.

8. Demjenigen, der wünscht, geschieht ein Wunder.

9. Dann sollte man einfach an Wunder glauben.

10. Ein Schatz ist es, den man ans Licht bringt.

11. Ein Schatz ist es, der nicht ans Licht gebracht wird.

12. Die Denkweise „Ich muss das machen" soll man nicht haben.

13. Leben wir nicht für „Nichts", sondern für „Etwas"!

14. Weil „Etwas" manchmal in einem Augenblick verloren geht.

15. Und das Leben ist begrenzt.

16. Man sagt: „Du hast dich geändert."

17. Solcher Mensch bemerkt nicht, sich selbst geändert zu haben.

18. Zweifeln ist ein Beweis des Glaubens.

19. Der wahre Sieger ist derjenige, der die Stärke des Verlierers preisen kann.

20. Der Bluff richtet irgendwann sich Selber zugrunde.

21. Die Schwäche „Perfektionismus" wird am schwierigsten überwunden.

22. Zwischen Rücksicht und Arronganz gibt es nur einen hauchdünnen Unterschied.

23. In die Zukunft zu blicken ist fürchterlich.

24. Das liegt nicht daran, dass man sich vor der Zukunft fürchtet.

25. Sondern das liegt nur daran, dass man die Vergangenheit scheut.

　　[　　　] の単語ヒントを参照し、場合により（　　　　）の指示に従って、日本語に合うドイツ語の文を完成させてみましょう。

□□□ ① 私は酔っています。

[betrinken]

_____

_____

□□□ ② トイレに行きたい。

[auf, *s.* Klo, wollen]

_____

_____

□□□ ③ でも、トイレは使われている。

[*e.* Toilette, besetzen]

_____

_____

□□□ ④ 彼はカフェで200円のエスプレッソを飲んでいる。

[*s.* Café, *r.* Espresso, kosten, trinken]

④
_____
関係文で解いてみようかな。

_____

_____

□□□ ⑤ そのエスプレッソが彼の眠気を覚ました。（完了形）

[*r.* Espresso, munter, machen]

_____

_____

□□□ **6** その後、彼は自分の仕事をこなした。(完了形)

[danach, *e.* Arbeit, erledigen]

_____

_____

□□□ **7** 今は夜10時30分で、今日はとても寒い。

[jetzt, halb, abends, heute, kalt]

7

「寒い」とかって主語
はなんだっけ？

_____

_____

□□□ **8** 外は雨で雷が鳴っている。

[regnen, draußen, donnern]

_____

_____

□□□ **9** 私は雷が怖い。

[vor, *r.* Donner, grauen]

_____

_____

□□□ **10** 僕は、一日平均10通のメールを書く。

[durchschnittlich, *e.* E-Mail, pro, *r.* Tag,
schreiben]

_____

_____

□□□ ⑪ 自宅にはパソコンが3台あります。

［ ich, *r.* Computer, zu Hause ］

_____

_____

□□□ ⑫ 路上はたくさんの車が走っている。（esで始める）

［ viel, *s.* Auto, auf, *e.* Straße, fahren ］

⑫
_____
「esで始める」とどう
なるんだろう。

_____

_____

□□□ ⑬ 今日は真夏のように暑い。

［ heiß, wie, in, *r.* Hochsommer ］

_____

_____

□□□ ⑭ 彼女は、「アイスクリームが食べたい」と言っている。

（直接話法）［ sagen, *s.* Eis, essen, mögen ］

_____

_____

□□□ ⑮ 彼女は、「アイスが食べたい」と言った。（間接話法、

dassなし）［ sagen, *s.* Eis, essen, wollen ］

⑮
_____
「dassを使わずに」っ
てことは…

_____

_____

□□□ **⓰** ああ、お腹が空いて死にそうだ。

[oh, vor, *r.* Hunger, sterben]

_____

_____

□□□ **⓱** 君はもう何か食べたんじゃないの？（完了形）

[bestimmt, schon, etwas, essen, oder, nicht]

⓱

否定疑問文かな？　付加疑問文かな？

_____

_____

□□□ **⓲** ううん、まだ全く何も。（**⓱**の答えとして必要な部分のみ）

[noch, gar]

_____

_____

□□□ **⓳** ああ、今日はへとへとで恐ろしく眠い。[oh, heute, hundemüde, schrecklich, schläfrig]

_____

_____

□□□ **⓴** 昨日は全く寝てないの？（完了形）

[gestern Nacht, gar, nicht, schlafen]

_____

_____

□□□ ㉑　うん、寝たよ、けど2時間だけ。

（⑳の答えとして必要な部分のみ）〔nur, e. Stunde〕

＿＿＿＿＿＿＿＿＿＿＿＿＿＿＿＿＿＿＿＿＿

＿＿＿＿＿＿＿＿＿＿＿＿＿＿＿＿＿＿＿＿＿

□□□ ㉒　《duに》時間を無駄にするな！

〔e. Zeit, doch, verschwenden〕

＿＿＿＿＿＿＿＿＿＿＿＿＿＿＿＿＿＿＿＿＿

＿＿＿＿＿＿＿＿＿＿＿＿＿＿＿＿＿＿＿＿＿

□□□ ㉓　今日は肩が凝って体がすごくだるい。

〔steif, r. Nacken, sehr, schlapp, sich fühlen〕

㉓

「堅い肩」を持っているって言い方かな。

＿＿＿＿＿＿＿＿＿＿＿＿＿＿＿＿＿＿＿＿＿

＿＿＿＿＿＿＿＿＿＿＿＿＿＿＿＿＿＿＿＿＿

□□□ ㉔　君ともう会えないのはさみしい。（zu不定詞で始める）

〔mehr, sich sehen, können, traurig〕

＿＿＿＿＿＿＿＿＿＿＿＿＿＿＿＿＿＿＿＿＿

＿＿＿＿＿＿＿＿＿＿＿＿＿＿＿＿＿＿＿＿＿

□□□ ㉕　客はみんなスマホをいじっている。

〔r. Gast, all-, auf, s. Smartphone, herumtippen〕

＿＿＿＿＿＿＿＿＿＿＿＿＿＿＿＿＿＿＿＿＿

＿＿＿＿＿＿＿＿＿＿＿＿＿＿＿＿＿＿＿＿＿

Lösungsbeispiele

[1] Ich bin betrunken.

[2] Ich will aufs Klo (gehen) .

[3] Aber die Toilette ist besetzt.

[4] Er trinkt im Café Espresso, der 200 Yen kostet.

[5] Der Espresso hat ihn munter gemacht.

6 Danach hat er seine Arbeit erledigt.

7 Es ist jetzt halb elf abends und heute ist es sehr kalt.

8 Es regnet draußen und es donnert.

9 Mir/Mich graut (es) vor dem Donner.

10 Ich schreibe durchschnittlich 10 E-Mails pro Tag.

[11] Zu Hause habe ich 3 Computer.

[12] Es fahren viele Autos auf der Straße.

[13] Heute ist es heiß wie im Hochsommer.

[14] Sie sagt: „Ich möchte ein Eis essen.‟

[15] Sie sagte, sie wolle ein Eis essen.

16 Oh, ich sterbe vor Hunger.

17 Du hast bestimmt schon etwas gegessen, oder nicht?

18 Nein, noch gar nichts.

19 Oh, heute bin ich hundemüde und schrecklich schläfrig.

20 Hast du gestern Nacht gar nicht geschlafen?

[21] Doch, aber nur 2 Stunden.

[22] Verschwende doch keine Zeit!

[23] Heute habe ich einen steifen Nacken und fühle mich sehr schlapp.

[24] Dich nicht mehr sehen zu können ist traurig.

[25] Die Gäste tippen alle auf ihren Smartphones herum.

Lektion 51　作文（徒然なるままに？＜その２＞）

[　　] の単語ヒントを参照し、場合により （　　　） の指示に従って、日本語に合うドイツ語の文を完成させてみましょう。

□□□ ① 行きつけの居酒屋には３人しか客がいなかった。（過去形）

[in, mein, *s.* Stammlokal, nur, *r.* Gast, geben]

_____

_____

□□□ ② 隣の客はタバコを吹かしていた。（過去形）

[*r.* Gast, nebenan, *e.* Zigarette, rauchen]

_____

_____

□□□ ③ その客の彼女は大ぼらを吹いていた。（過去形）

[*e.* Freundin, *r.* Gast, angeben]

③
「大ぼら」は質的かな？
量的かな？

_____

_____

□□□ ④ 一昨日俺たちは映画に行った。（完了形）

[vorgestern, *s.* Kino, gehen]

_____

_____

□□□ ⑤ 俺たちはその映画館の近くのカフェでコーヒーをテイクアウトした。（完了形）[*s.* Café, in, *e.* Nähe, *s.* Kino, *s.* Mitnehmen, kaufen]

⑤
「テイクアウトする」っ
てどう言うんだろう。

_____

_____

□□□ **6** 俺たちが見た映画は最高に面白かった。(過去形)

[r. Film, sehen, super, interessant]

_____

_____

□□□ **7** 今日私は嫌なことがたくさんあった。(完了形)

[heute, viel, unangenehm, passieren]

7

「私にとって起こった」って感じだな。

_____

_____

□□□ **8** 私は唇をかんで涙をこらえた。(完了形) [sich auf die

Lippen beißen, mit, e. Träne, kämpfen]

8

唇は身体の一部だから…

_____

_____

□□□ **9** なんて世の中は理不尽なんだ。(感嘆文)

[wie, e. Welt, ungerecht]

_____

_____

□□□ **10** 彼女は今日とてもお洒落している。

[heute, schick, anziehen]

10

分離動詞の過去分詞!

_____

_____

□□□ ⑪ 彼女が履いている靴はまさに今流行っている。

[r. Schuh, tragen, eben, heute, in Mode sein]

⑪

関係文だな。

_____

_____

□□□ ⑫ スーツの男が彼女に声をかけているが、彼女は無視して

いる。[in, r. Anzug, ansprechen, beachten]

_____

_____

□□□ ⑬ 彼らはいつも大声でしゃべる。

[immer, laut, quatschen]

_____

_____

□□□ ⑭ その女性店員は日に5回ほど掃除をする。

[r. Kellner, ungefähr, fünfmal, an, Tag, fegen]

_____

_____

□□□ ⑮ コーヒーが冷めてしまった。

[r. Kaffee, lauwarm, sein]

⑮

kalt じゃないんだ。

_____

_____

□□□ **⓰** 彼はその外国人女性とフランス語で話をする。

[r. Ausländer, auf, s. Französisch, mit, sich verständigen]

_____

_____

□□□ **⓱** この曲を聴くと父を思い出す。(副文にしない)

[dies-, s. Lied, an, r. Vater, erinnern]

⓱
wenn は使わないってことだから…

_____

_____

□□□ **⓲** 食べ過ぎて満腹だ。(完了形)

[zu, viel, übervoll]

_____

_____

□□□ **⓳** 気づくともう夜だった。

[plötzlich, schon, dunkel, werden]

⓳
過去形かな? 完了形かな?

_____

_____

□□□ **⓴** そこには気まずい空気が流れていた。(過去形)

[da, e. Atmosphäre, peinlich, sein]

_____

_____

□□□ ㉑ もはや仕方がなかった。

[da, man, nichts, mehr, machen, können]

_____

_____

□□□ ㉒ ここで演奏させていただけますのは大変光栄です。

（esもdassも使わずに）[hier, groß, _e._ Freude,

dürfen, sein]

_____

_____

㉒

「私にとって」は何格だ
ろう？

□□□ ㉓ 部屋の蛍光灯が点滅している。

[_e._ Leuchtstofflampe, in, _s._ Zimmer, blinken]

_____

_____

□□□ ㉔ 彼はメールをしたあとにツイートした。

[nachdem, mailen, twittern]

_____

_____

㉔

nachdemを使うって
ことは…

□□□ ㉕ 《ihrに》自分たちの画像をアップロードして、その代わ
りに2つの音源データをダウンロードするのを忘れずに！
[_s._ Bild, _e._ Tondatei, aufladen, stattdessen,
herunterladen, vergessen, blinken]

_____

_____

Lösungsbeispiele

① In meinem Stammlokal gab es nur drei Gäste.

② Der Gast nebenan rauchte Zigaretten.

③ Die Freundin des Gastes gab viel an.

④ Vorgestern sind wir ins Kino gegangen.

⑤ In einem Café in der Nähe vom Kino haben wir Kaffee zum Mitnehmen gekauft.

❻ Der Film, den wir gesehen haben, war super interessant.

❼ Heute ist mir viel Unangenehmes passiert.

❽ Ich habe mir auf die Lippen gebissen und mit den Tränen gekämpft.

❾ Wie ungerecht die Welt ist!

❿ Sie ist heute sehr schick angezogen.

⑪ Die Schuhe, die sie trägt, sind eben heute in Mode.

⑫ Ein Mann im Anzug spricht sie an, aber sie beachtet ihn nicht.

⑬ Sie quatschen immer laut.

⑭ Die Kellnerin fegt ungefähr fünfmal am Tag.

⑮ Der Kaffee ist lauwarm

⓰ Er verständigt sich mit der Ausländerin auf Französisch.

⓱ Dieses Lied erinnert mich an meinen Vater.

⓲ Ich habe zu viel gegessen und bin übervoll.

⓳ Plötzlich ist es schon dunkel geworden.

⓴ Da war die Atmosphäre peinlich.

㉑ Da konnte man nichts mehr machen.

㉒ Hier spielen zu dürfen ist mir eine große Freude.

㉓ Die Leuchtstofflampe im Zimmer blinkt.

㉔ Nachdem er gemailt hatte, hat er gezwittert.

㉕ Vergesst nicht, eu(e)re Bilder aufzuladen und stattdessen 2 Tondateien herunterzuladen.

[   ] の単語ヒントを参照し、場合により（   ）の指示に従って、日本語に合うドイツ語の文を完成させてみましょう。

□□□ ① 今日感じの良い美味しい飲み屋を見つけた。

[heute, gemütlich, gut, e. Kneipe, finden]

_____

_____

□□□ ② 今日は日曜日なので、残念ながらそのお店は休みだ。

[s. Geschäft, leider, schließen, da, r. Sonntag, sein]

_____

_____

□□□ ③ 5人の男が私の隣でトランプの賭けをしている。

[r. Mann, neben, um, s. Geld, e. Karte, spielen]

_____

_____

□□□ ④ 一人の老人が険しい顔で新聞を読んでいる。

[alt, streng, s. Gesicht, e. Zeitung, lesen]

④
「〜な表情をともなって」って感じかな。

_____

_____

□□□ ⑤ その新聞には何が載っているの？

[in, e. Zeitung, stehen]

_____

_____

□□□ **6** このお店は明らかに家族向きではない。

[dies-, *s.* Lokal, eindeutig, familienfeindlich]

6
「家族向き」ならどういう単語だろう…

_____

_____

□□□ **7** その眼鏡の女性は、スパゲッティ・ナポリタンを注文した。

（完了形）[mit *e.* Brille, *pl.* Spaghetti Napolitana,
bestellen]

_____

_____

□□□ **8** あるトルコ人男性がスウェーデン人女性にキスをした。

（完了形）[*r.* Türke, *r.* Schwede, küssen]

_____

_____

□□□ **9** 君たちはまさか無限の可能性を期待しているのか？

[etwa, unbegrenzt, *e.* Möglichkeit, erwarten]

9
「まさか」ってのは話し手の驚きの態度だな。

_____

_____

□□□ **10** 彼はよくふざける。

[*r.* Spaß, oft, machen]

_____

_____

□□□ [11] 彼女はいつも彼をばかにする。

[immer, über, lustig, sich machen]

□□□ [12] 今日はあまりに暑くて子供たちは外で遊べない。

[zu, heiß, als, dass, *e*. Kind, draußen, spielen]

[12]
「〜すぎて〜できない」って表現は確か…

□□□ [13] Amaliaはモード雑誌を読むのが好きだった。（過去形）

[*e*. Zeitschrift, für, *e*. Mode, gern, lesen]

□□□ [14] 私の姉は20歳という若さで死んだ。（過去形）

[mein, *e*. Schwester, in, jugentlich, *s*. Alter, von, *s*. Jahr, sterben]

□□□ [15] このイヤリングは君のお姉ちゃんの？

[dies-, *r*. Ohrring, dein, Schwester, gehören]

[15]
所有冠詞？　2格？　どっちも違うような…

□□□ **16** 明日のパーティーにはローストビーフが出るらしい。

[auf, *e.* Party, von, morgen, *s.* Roastbeef, geben, sollen]

_____

_____

□□□ **17** 彼女はその芝居のためにしっかりメイキャップした。（完了形）

[für, *s.* Theater, sorgfältig, sich schminken]

_____

_____

□□□ **18** 今日私は腹痛と頭痛がひどい。　[heute, schlimm, *pl.* Bauch-, Kopfschmerzen, haben]

18
ハイフンは「痛み」って単語を繰り返さない方法だな。

_____

_____

□□□ **19** お前は留学のお金を貯金しておくべきだったのに。（完了形）

[*s.* Geld, für, *s.* Auslandsstudium, sparen, sollen, haben]

19
「実際は貯金しておかなかった」ってことだから…

_____

_____

□□□ **20** お前のしたいことをしなさい。

[machen, doch, was, wollen]

_____

_____

□□□ ㉑ 俺はあくびとくしゃみが止まらない。

[gähnen, niesen, müssen]

㉓

「〜せずにはいられない」って表現だ。

_____

_____

□□□ ㉒ 正直言ってそのパーティーに行きたくない。（副文にしない）

[offen, sagen, _e._ Lust, _e._ Party]

㉒

「sagen」をどうするかがポイント！

_____

_____

□□□ ㉓ 彼は彼女を知らないふりをした。（完了形）

[vorgeben, kennen]

_____

_____

□□□ ㉔ そんなことはこの本でさえ書いてある。

[so etwas, sogar, _s._ Buch, stehen]

_____

_____

□□□ ㉕ そのパーティーはすごく盛り上がった。（過去形）

[unglaublich, hoch, hergehen]

_____

_____

Lösungsbeispiele

① Heute habe ich eine gemütliche, gute Kneipe gefunden.

② Das Geschäft ist leider geschlossen, da heute Sonntag ist.

③ 5 Männer spielen neben mir um Geld Karten.

④ Ein Alter liest mit einem strengen Gesicht eine Zeitung.

⑤ Was steht in der Zeitung?

❻ Dieses Lokal ist eindeutig familienfeindlich.

❼ Die Frau mit der Brille hat Spaghetti Napolitana bestellt.

❽ Ein Türke hat eine Schwedin geküsst.

❾ Erwartet ihr etwa unbegrenzte Möglichkeiten?

❿ Er macht oft Spaß.

⑪ Sie macht sich immer über ihn lustig.

⑫ Heute ist es zu heiß, als dass Kinder draußen spielen könnten.

⑬ Amalia las gern eine Zeitschrift für Mode.

⑭ Meine Schwester starb im jugendlichen Alter von 20 Jahren.

⑮ Gehören diese Ohrringe deiner Schwester?

⓰ Es soll auf der Party von morgen Roastbeef geben.

⓱ Sie hat sich für das Theater sorgfältig geschminkt.

⓲ Heute habe ich schlimme Bauch- und Kopfschmerzen.

⓳ Du hättest das Geld für das Auslandsstudium sparen sollen.

⓴ Mach doch, was du willst!

㉑ Ich muss gähnen und niesen.

㉒ Offen gesagt habe ich keine Lust, auf die Party zu gehen.

㉓ Er hat vorgegeben, sie nicht zu kennen.

㉔ So etwas steht sogar in diesem Buch.

㉕ Auf der Party ging es unglaublich hoch her.

Lektion 53　作文（徒然なるままに？＜その４＞）

[　　] の単語ヒントを参照し、場合により（　　　）の指示に従って、日本語に合うドイツ語の文を完成させてみましょう。

□□□ ① 行きつけのカフェのエスプレッソが値上げした。

(受動文・過去形) [für, *r*. Espresso. in, mein,
s. Stammcafé, *r*. Preis, erhöhen]

_____

_____

□□□ ② 王様は、王女と結婚する男を探している。[*r*. König,

derjenige, suchen, der, *e*. Prinzessin, heiraten]

_____

_____

②
関係文だな。

□□□ ③ 彼らが、私にプロポーズをした人たちです。(完了形)

[diejenige, die, *r*. Heiratsantrag, machen]

_____

_____

□□□ ④ そのお店はマロンケーキで有名になった。(完了形)

[*r*. Laden, durch, *r*. Maronenkuchen, bekannt,
werden]

_____

_____

□□□ ⑤ 毎回ここに集まる者全員が喫煙者だ。[all-, die, hier,
jed-, *s*. Mal, sich versammeln, *r*. Raucher]

⑤
all- を先行詞にして。

_____

_____

243

□□□ **6** このパーティーでは誰もが知り合いです。

[auf, dies-, *e.* Party, jed-, kennen]

_____

_____

□□□ **7** 彼はバスを降りて、門を通り抜けた。（完了形） [aus,

r. Bus, aussteigen, durch, *s.* Tor, durchgehen]

_____

_____

□□□ **8** お久しぶりです。

[lange, nicht, sich sehen]

8
_____
「お互いに長い間会わなかった」ってことか。

_____

_____

□□□ **9** 自慢する男はみんなに嫌われる。 [*r.* Mann, gern,

prahlen, bei, all-, verhassen, sich machen]

_____

_____

□□□ **10** 彼はその本を気に入っていたが、内容を忘れてしまった。

（完了形）[*s.* Buch, gefallen, *r.* Inhalt, vergessen]

10
_____
過去分詞に注目。

_____

_____

□□□ ⑪ 今日の事前打合せはなくなった。（完了形）

［heutig, *e*. Vorbesprechung, ausfallen］

□□□ ⑫ 歯の痛みが突然なくなった。（完了形）

［*pl*. Zahnschmerzen, plötzlich, vergehen］

□□□ ⑬ 彼女は、自分の両親を誤解していた。

［ihr, *pl*. Eltern, missverstehen, haben］

□□□ ⑭ 誰かを誤解するのは悲しい。（zu不定詞で）

［jemand, missverstehen, traurig］

⑭
分離？ 非分離？
面白い動詞だ。

□□□ ⑮ 《Sieに》初めてのお便りをどうぞお許しください。

［zu, erst, *s*. Mal, schreiben, bitte, erlauben］

□□□ **⑯** これは金じゃなくて気持ちの問題なんだ。　〔es, hier, um, *s.* Geld, sondern, *s.* Gefühl, gehen〕

⑯
非人称熟語ってやつだな。

□□□ **⑰** その女性のことが問題なんだ。

〔es, um, *e.* Frau, sich handeln〕

□□□ **⑱** 俺には愛が重要なんだ。

〔es, auf, *e.* Liebe, ankommen〕

□□□ **⑲** 彼はその指輪が本物か疑っている。

〔*e.* Echtheit, *r.* Ring, bezweifeln〕

□□□ **⑳** 彼女は仕事での彼の成功を疑っている。

〔an, *r.* Erfolg, bei, *e.* Arbeit, zweifeln〕

⑳
⑲と何が違うんだろう…

□□□ ㉑ 《duに》交通ルールを守れ！

　　　　[e. Verkehrsregel, beachten]

　　　　_____

　　　　_____

□□□ ㉒ 今日は全く働く気がしない。

　　　　[null, r. Bock, auf, e. Arbeit, haben]

　　　　_____

　　　　_____

㉒

口語体での言い方だな。

□□□ ㉓ そのプロジェクトはまた悪循環に陥ってしまった。

　　　　（完了形）[s. Projekt, r. Teufelskreis, geraten]

　　　　_____

　　　　_____

□□□ ㉔ ありがたく存じます。

　　　　[das, schätzen, werden]

　　　　_____

　　　　_____

㉔

かしこまった言い方だ
から、外交的で婉曲な
言い方だろうな。

□□□ ㉕ それはやめておいた方がいい。

　　　　[das, du, sparen, können]

　　　　_____

　　　　_____

Lösungsbeispiele

① Für den Espresso in meinem Stammcafé wurde der Preis erhöht.

② Der König sucht denjenigen, der die Prinzessin heiratet.

③ Sie sind diejenige, die mir einen Heiratsantrag gemacht haben.

④ Der Laden ist durch Maronenkuchen bekannt geworden.

⑤ Alle, die sich hier jedes Mal versammeln, sind Raucher.

❻ Auf dieser Party kennt jeder jeden.

❼ Er ist aus dem Bus ausgestiegen und durch das Tor durchgegangen.

❽ Wir haben uns lange nicht gesehen.

❾ Der Mann, der gern prahlt, macht sich bei allen verhasst.

❿ Das Buch hat ihm gefallen, aber den Inhalt des Buches hat er vergessen.

⑪ Die heutige Vorbesprechung ist ausgefallen.

⑫ Die Zahnschmerzen sind plötzlich vergangen.

⑬ Sie hat ihre Eltern missverstanden.

⑭ Jemanden misszuverstehen ist traurig.

⑮ Erlauben Sie mir bitte, Ihnen zum ersten Mal zu schreiben!

⓰ Es geht hier nicht um Geld, sondern um das Gefühl.

⓱ Es handelt sich um die Frau.

⓲ Es kommt mir auf die Liebe an.

⓳ Er bezweifelt die Echtheit des Ringes.

⓴ Sie zweifelt an seinem Erfolg bei der Arbeit.

㉑ Beachte die Verkehrsregeln!

㉒ Heute habe ich null Bock auf die Arbeit.

㉓ Das Projekt ist wieder in einen Teufelskreis geraten.

㉔ Das würde ich schätzen.

㉕ Das kannst du dir sparen.

Lektion 54　作文（徒然なるままに？＜その５＞）

[　　　] の単語ヒントを参照し、場合により（　　　）の指示に従って、日本語に合うドイツ語の文を完成させてみましょう。

□□□ ① 一昨日俺は宿題をしようとした。（過去形）

[vorgestern, e. Hausaufgabe, machen, wollen]

_____

_____

□□□ ② 子供の頃、僕はサッカーが好きだった。（過去形）

[als, s. Kind, mögen, r. Fußball]

_____

_____

□□□ ③ 彼はワインを飲みたがっているが、それは俺の知ったこ

とじゃない。[r. Wein, trinken, wollen, nicht, mein,

s. Bier, sein]

_____

_____

③

なんでビールなんだろう…

□□□ ④ 私には、全てどうでもいいことだ。

[ich, egal, all-, sein]

_____

_____

□□□ ⑤ その娘は母親そっくりだ。

[e. Tochter, e. Mutter, sehr, ähnlich, sein]

_____

_____

⑤

同格じゃないんだな。

□□□ **6** 明日映画に行くってのはどう？ [du, es, recht, sein,

wenn, in, *s.* Kino, gehen]

_____

_____

□□□ **7** それは僕にはどうでもいいことだ。

[ich, das, *e.* Wurst, sein]

_____

_____

□□□ **8** 寒い。

[ich, kalt, sein]

_____

_____

□□□ **9** 彼はインフルエンザで高熱だ。

[*e.* Grippe, und, sehr, hoch, *s.* Fieber]

_____

_____

□□□ **10** 誰が何をするかは僕にはどうでもいい。

[es, ich, gleichgültig, sein, wer, was, machen]

_____

_____

□□□ ⑪ ボールペンある？ ーうん、あるよ。

［*r.* Kuli, einer］

⑪ 不定代名詞ってやつだな。

□□□ ⑫ 君らは車持ってる？ ーいや、持ってない。

［*s.* Auto, keiner］

□□□ ⑬ お金を失くしてしまった。いくらか持ってる？

［*s.* Geld, verlieren, welch］

⑬ 「お金」は数えられないぞ！

□□□ ⑭ 出席者の一人が主催者に質問した。（過去形）［einer, *r./e.* Anwesende, *r.* Veranstalter, fragen］

□□□ ⑮ それはどんな男性ですか？

［was, für, *r.* Mann, das, sein］

⑮ fürは４格支配だけど…

□□□ ⑯ そのお客は二人連れです。

　　　［ *r*. Gast, zu, zweit, sein ］

_____

_____

□□□ ⑰ そのケーキを三等分しましょうよ。

　　　［ *r*. Kuchen, dritteln, wollen ］

⑰
_____
一種の「勧誘表現」だ
な。

_____

_____

□□□ ⑱ 今回で京都は何度目ですか。

　　　［ wievielt, *s*. Mal, Sie, jetzt ］

_____

_____

□□□ ⑲ 飼育員は毎日そのライオンに肉を与える。［ *r*. Züchter,

　　　jeden Tag, *r*. Löwe, *s*. Fleisch, geben ］

_____

_____

□□□ ⑳ 私の名前の最初の文字は「A」です。

　　　［ erst, *e*. Buchstabe, mein, *r*. Name, „A" ］

_____

_____

□□□ ㉑ 瞳の清い者はいつも真実を知る。[wer, *pl.* Augen,

rein, sein, der, immer, hinter, *e.* Wahrheit, kommen]

_____

_____

□□□ ㉒ 《duに》楽にしてね。

[es, sich machen, doch, gemütlich]

_____

_____

㉒

sich は何格？

□□□ ㉓ 久しぶりにそれを食べた。(完了形)

[nach, lang, *e.* Zeit, wieder, mal, essen]

_____

_____

□□□ ㉔ 彼女がドイツに旅立ってちょうど１年だ。(esで始める)

[genau, her, sein, seit, nach, abreisen]

_____

_____

㉔

seit は接続詞でもある
んだよな。

□□□ ㉕ この件はやっと片がついた。(完了形)

[dies-, *e.* Sache, endlich, sich erledigen]

_____

_____

㉕

おつかれさま。

Lösungsbeispiele

① Vorgestern wollte ich Hausaufgaben machen.

② Als Kind mochte ich (es), Fußball zu spielen.

③ Er will Wein trinken, aber das ist nicht mein Bier.

④ Mir ist alles egal.

⑤ Die Tochter ist ihrer Mutter sehr ähnlich.

❻ Ist es dir recht, wenn wir morgen ins Kino gehen?

❼ Das ist mir Wurst.

❽ Es ist mir kalt.

❾ Er hat Grippe und sehr hohes Fieber.

❿ Es ist mir gleichgültig, wer was macht.

⑪ Hast du einen Kuli? — Ja, ich habe einen.

⑫ Habt ihr ein Auto? — Nein, wir haben kein(e)s.

⑬ Ich habe Geld verloren. Hast du welches?

⑭ Einer der Anwesenden fragte den Veranstalter.

⑮ Was für ein Mann ist das?

⓰ Die Gäste sind zu zweit.

⓱ Wollen wir den Kuchen dritteln!

⓲ Das wievielte Mal sind Sie jetzt in Kyoto?

⓳ Der Züchter gibt jeden Tag dem Löwen Fleisch.

⓴ Die erste Buchstabe meines Namens ist „A".

㉑ Wessen Augen rein sind, der kommt immer hinter die Wahrheit.

㉒ Mach es dir doch gemütlich!

㉓ Nach langer Zeit habe ich das wieder mal gegessen.

㉔ Es ist geneu ein Jahr her, seit sie nach Deutschland abgereist ist.

㉕ Diese Sache hat sich endlich erledigt.

巻末作文

作文（ある船頭のおはなし）

[　　　] の単語ヒントを参照し、場合により（　　　）の指示に従って、日本語に合うドイツ語の文を完成させてみましょう。

1 ある日、一人の船頭が舟に揺られて寝ていました。

[eines Tages, *r.* Schiffer, *r.* Kahn, schlafen]

_____

2 彼はとても貧乏で、舟はすでにボロボロです。（過去形）

[arm, schon, alt]

_____

3 彼は気持ちよく寝ています。（過去形）

[tief, fest]

_____

4 暖かい風が小川に小さな波を作っています。（過去形）

[warm, klein, *e.* Welle, *r.* Bach, schaffen]

_____

5 舟は小川のほとりで揺れています。（過去形）

[*e.* Welle, *r.* Kahn, an, *s.* Ufer, schaukeln]

_____

6 心地良い木陰が舟を包んでいます。（過去形）

[*r.* Schatten, *r.* Baum, angenehm, über, sich legen]

_____

7 船頭は目を覚ましました。

[*r.* Schiffer, aufwachen]

_____

8 彼はロープをたぐって舟を岸に寄せました。

[*s.* Seil, einziehen, *r.* Kahn, *s.* Ufer, rücken]

---

9 そうして、彼はいつものように魚を釣り始めました。

[danach, wie sonst, anfagen, angeln]

---

10 釣った魚で、彼はその日暮らしをしていました。

[mit, *r.* Fisch, angeln, von, *r.* Hand, in, *r.* Mund, leben]

---

11 そのとき、一人の大金持ちがやってきました。

[da, reich, *r.* Mann, kommen]

---

12 その大金持ちは船頭に尋ねました。

[fragen]

---

13 「お前はなぜこんなちっぽけなところで魚を釣っているのか」

[an, so ein, winzig, *r.* Ort, angeln]

---

14 「お前はなぜこんなちっぽけな暮らしをしているのか」

[so ein, einfach, *s.* Leben, führen]

---

15 「どうして釣った魚を売ろうとしないのか」

[*r.* Fisch, verkaufen, wollen]

⓰ 船頭は彼に不思議そうに尋ねました。

[verwundert, zurückfragen]

⓱ 「魚を売るとどうなりますでしょうか」

[was, passieren, wenn, *r.* Fisch, verkaufen]

⓲ 大金持ちは大笑いして彼に答えました。

[lauthals, lachen, antworten]

⓳ 「おかしなことを」

[das, doch, *r.* Quatsch]

⓴ 「魚を売れば金が手に入るだろ」

[doch, Geld, verdienen, können, wenn]

㉑ すると船頭は答えました。

[darauf, *e.* Antwort, geben]

㉒ 「私はお金が欲しくないのです」

[mögen, *s.* Geld]

㉓ 大金持ちは不思議に思って船頭に尋ねました。

[verwundert, fragen]

---

24 「金が欲しくない？ なぜだね」

[mögen, *s*. Geld]

---

25 「そもそも何のためにお金がいるのでしょうか」

[wofür, man, überhaupt, brauchen]

---

26 船頭は釣り糸を垂らしながら大金持ちに尋ねました。

[angelnd, zurückfragen]

---

27 「何のために？ そりゃあ、初めの頃はほんのわずかかもしれない」

[naja, an, *r*. Anfang, zwar, nur, wenig, *s*. Geld, haben]

---

28 「それでも、その金で肉や果物を買えば良い」

[allerdings, *s*. Fleisch, *s*. Obst, kaufen, können]

---

29 「いいえ。私は魚だけで十分でございます」

[mit, nur, *r*. Fisch, schon, zufrieden, sein]

---

30 「魚だけで十分とな？」

[es, reichen]

---

31 「しかしそれなら、新しい竿を買えば良い」

[dann, doch, neu, *e*. Angelrute, kaufen, können]

---

32 「そうすれば、もっと多くの魚が釣れるであろう」

[dann, bestimmt, viel, fischen, können]

---

33 「いいえ。私は手作りの釣り竿で良いのです」

[handgemacht, *e.* Angel, genügen]

---

34 「その日の魚さえ手に入れば十分でございます」

[es, reichen, wenn, nur, *r.* Tag, angeln, können]

---

35 「しかしそれなら、もっと頑丈な船を買えば良い」

[noch, stabil, *s.* Schiff, kaufen, können]

---

36 「そうすれば、海でより大きな魚が手に入るであろう」

[bestimmt, noch, groß, aus, *s.* Meer, bekommen]

---

37 「いいえ。より大きな魚など欲しくないのです」

[groß, *r.* Fisch, mögen]

---

38 「空腹が満たされればそれで良いのです」

[es, reichen, wenn, satt, werden]

---

39 「私はここが好きなのでございます」

[es, hier, gefallen]

---

40 「それなら、お前は一生こんなちっぽけなところで暮らしていくつもりかね」

[dann, ganz, *s.* Leben, lang, an, dies-, winzig, *r.* Ort, leben, wollen]

---

41 「はい。それが私の唯一の望みでございます」

[einzig, *r.* Wunsch]

---

42 「しかし、肉や果物を食べて暮らしたいとは思わぬか」

[denken, nicht, dass, mit, *s.* Leben, führen, wollen]

---

43 「新しい釣り竿と頑丈な船でもっと魚を釣る」

[mit, neu, *e.* Angelrute, stabil, *s.* Schiff, fischen]

---

44 「魚を売ってお金を手に入れ、いつか私のように大金持ちになる」

[mit, *pl.* Fische, verdienen, einmal, reich, *r.* Mann, wie, werden]

---

45 「そうして、気楽な生活を送りたくないのかい」

[nicht, damit, unbeschwert, *s.* Leben, führen, wollen]

---

46 すると、船頭は首をかしげて尋ねました。

[dann, *r.* Schiffer, den Kopf schiefhaltend, fragen]

---

47 「気楽な生活とはどういうものでございましょう」

[was, überhaupt, unbeschwert, *s.* Leben, sein]

---

48 それを聞いて、大金持ちはとうとう怒ってしまいました。

[als, dies-, *s.* Wort, hören, schließlich, sehr, wütend, werden]

---

49 「たとえば、お前のような釣り好きなら、

[wer, zum Beispiel, gern, wie, angeln]

---

50 たまの休みに小川に行って、

[der, gelegentlich, in, *pl.* Ferien, zu, *r.* Bach, gehen]

---

51 気楽に好きなだけ魚を釣ったり、

[und, nach, Herzenslust, locker, angeln, oder]

---

52 木陰で昼寝でもしたらいいではないか。

[unter, *r.* Schatten, *r.* Baum, *r.* Nachmittagsschlaf, halten]

---

53 違うかね」

[recht haben]

---

54 垂らしていた釣り糸がピンと張りました。

[*e.* Angelschnur, auswerfen, straff, spannen]

---

55 船頭は、嬉しそうにたった今釣れた魚をかごにいれました。（完了形）

[mit, *e.* Freude, gerade, in, *r.* Korb, tun]

---

56 そして、ただ黙ったまま前を見つめ微笑みました。（過去形）

[nur, schweigen, vor, sich, hin, starren, lächeln]

57 すると、舟のなかでまた眠りにつきました。（完了形）

[dann, r. Kahn, wieder, einschlafen]

58 それを見て、大金持ちは呆れ返りました。（過去形）

[als, das, sehen, völlig, verblüffen, sein]

59 彼は船頭を見下して、その場を立ち去りました。（過去形）

[geringschätzig, betrachten, r. Ort, verlassen]

60 船頭は、もうすっかり寝入っています。

[schon, ganz, tief, fest, schlafen]

61 暖かい風が小川に小さな波を作っています。

[warm, klein, e. Welle, r. Bach, schaffen]

62 舟は小川のほとりで揺れています。

[e. Welle, r. Kahn an, s.Ufer, schaukeln]

63 心地良い木陰が舟を包んでいます。

[r. Schatten, r. Baum, angenehm, über, sich legen]

1 Eines Tages schlief ein Schiffer in seinem Kahn.

2 Er war sehr arm und der Kahn war schon alt.

3 Er schlief tief und fest.

4 Ein warmer Wind schuf kleine Wellen auf dem Bach.

5 Die Wellen schaukelten den Kahn am Ufer.

6 Ein angenehmer Schatten eines Baumes legte sich über den Kahn.

7 Der Schiffer wachte auf.

8 Er zog das Seil ein und rückte den Kahn ans Ufer.

9 Danach fing er wie sonst an zu angeln.

10 Mit den geangelten Fischen lebte er von der Hand in den Mund.

11 Da kam ein reicher Mann.

12 Der Reiche fragte den Schiffer.

13 „Warum angelst du an so einem winzigen Ort?"

14 „Warum führst du so ein einfaches Leben?"

15 „Warum willst du die Fische, die du geangelt hast, nicht verkaufen?"

16 Der Schiffer fragte ihn verwundert zurück.

⓱ „Was passiert, wenn ich die Fische verkaufe?"

⓲ Der Reiche lachte lauthals und antwortete ihm.

⓳ „Das ist doch Quatsch!"

⓴ „Du kannst doch Geld verdienen, wenn du die Fische verkaufst."

㉑ Darauf gab der Schiffer seine Antwort.

㉒ „Ich möchte kein Geld."

㉓ Der Reiche fragte den Schiffer verwundert.

㉔ „Möchtest du kein Geld? Warum?"

㉕ „Wofür braucht man überhaupt Geld?"

㉖ Der Schiffer fragte den Reichen angelnd zurück.

㉗ „Wofür? Naja, am Anfang hat man zwar nur wenig Geld."

㉘ „Allerdings kannst du mit dem Geld Fleisch oder Obst kaufen."

㉙ „Nein. Nur mit dem Fisch bin ich schon zufrieden."

㉚ „Reicht es dir nur mit dem Fisch?"

㉛ „Aber dann kannst du dir doch eine neue Angelrute kaufen."

㉜ „Dann kannst du bestimmt mehr fischen."

㉝ „Nein. Eine handgemachte Angel genügt mir."

㉞ „Es reicht mir, wenn ich nur Fische für den Tag angeln kann."

㉟ „Aber dann kannst du ein noch stabileres Schiff kaufen."

㊱ „Dann bekommst du bestimmt noch größere Fische aus dem Meer."

㊲ „Nein. Größere Fische möchte ich nicht."

㊳ „Es reicht mir, wenn ich satt werde."

㊴ „Mir gefällt es hier."

㊵ „Willst du dann dein ganzes Leben lang an diesem winzigen Ort leben?"

㊶ „Ja. Das ist mein einziger Wunsch."

㊷ „Aber denkst du nicht, dass du mit Fleisch oder Obst dein Leben führen willst?"

㊸ „Du fischt mehr mit einer neuen Angelrute und einem stabilen Schiff."

㊹ „Du verdienst mit deinen Fischen und einmal wirst du ein reicher Mann wie ich."

㊺ „Willst du nicht damit ein unbeschwertes Leben führen?"

㊻ Dann fragte der Schiffer den Kopf schiefhaltend.

㊼ „Was ist überhaupt ein unbeschwertes Leben?"

㊽ Als er diese Worte hörte, wurde der Reiche schließlich sehr wütend.

49 „Wer zum Beispiel gern angelt wie du,

50 der kann gelegentlich in den Ferien zum Bach gehen

51 und nach Herzenslust locker angeln oder

52 unter dem Schatten eines Baumes einen Nachmittagsschlaf halten.

53 Habe ich nicht recht?"

54 Die ausgeworfene Angelschnur spannte straff.

55 Der Schiffer hat mit Freude den gerade geangelten Fisch in den Korb getan.

56 Und er starrte nur schweigend vor sich hin und lächelte.

57 Dann ist er im Kahn wieder eingeschlafen.

58 Als der Reiche das sah, war er völlig verblüfft.

59 Er betrachtete den Schiffer geringschätzig und verließ den Ort.

60 Der Schiffer schläft schon ganz tief und fest.

61 Ein warmer Wind schafft kleine Wellen auf dem Bach.

62 Die Wellen schaukeln den Kahn am Ufer.

63 Ein angenehmer Schatten eines Baumes legt sich über den Kahn.

● 巻末作文のドイツ語を以下にまとめてみました。ドイツ語を読んでみましょう。

Eines Tages schlief ein Schiffer in seinem Kahn. Er war sehr arm und der Kahn war schon alt. Er schlief tief und fest. Ein warmer Wind schuf kleine Wellen auf dem Bach. Die Wellen schaukelten den Kahn am Ufer. Ein angenehmer Schatten eines Baumes legte sich über den Kahn.

Der Schiffer wachte auf. Er zog das Seil ein und rückte den Kahn ans Ufer. Danach fing er wie sonst an zu angeln. Mit den geangelten Fischen lebte er von der Hand in den Mund.

Da kam ein reicher Mann. Der Reiche fragte den Schiffer: „Warum angelst du an so einem winzigen Ort? Warum führst du so ein einfaches Leben? Warum willst du die Fische, die du geangelt hast, nicht verkaufen?"

Der Schiffer fragte ihn verwundert zurück: „Was passiert, wenn ich die Fische verkaufe?"

Der Reiche lachte lauthals und antwortete ihm: „Das ist doch Quatsch! Du kannst doch Geld verdienen, wenn du die Fische verkaufst."

Darauf gab der Schiffer seine Antwort: „Ich möchte kein Geld."

Der Reiche fragte den Schiffer verwundert: „Möchtest du kein Geld? Warum?"

„Wofür braucht man überhaupt Geld?"

Der Schiffer fragte den Reichen angelnd zurück.

„Wofür? Naja, am Anfang hat man zwar nur wenig Geld. Allerdings kannst du mit dem Geld Fleisch oder Obst kaufen."

„Nein. Nur mit dem Fisch bin ich schon zufrieden."

„Reicht es dir nur mit dem Fisch? Aber dann kannst du dir doch eine neue Angelrute kaufen. Dann kannst du bestimmt mehr fischen."

„Nein. Eine handgemachte Angel genügt mir. Es reicht mir, wenn ich nur Fische für den Tag angeln kann."

„Aber dann kannst du ein noch stabileres Schiff kaufen. Dann bekommst du bestimmt noch größere Fische aus dem Meer."

„Nein. Größere Fische möchte ich nicht. Es reicht mir, wenn ich satt werde. Mir gefällt es hier."

„Willst du dann dein ganzes Leben lang an diesem winzigen Ort leben?"

„Ja. Das ist mein einziger Wunsch."

„Aber denkst du nicht, dass du mit Fleisch oder Obst dein Leben führen willst? Du fischt mehr mit einer neuen Angelrute und einem stabilen Schiff. Du verdienst mit deinen Fischen und einmal wirst du ein reicher Mann wie ich. Willst du nicht damit ein unbeschwertes Leben führen?"

Dann fragte der Schiffer den Kopf schiefhaltend: „Was ist überhaupt ein unbeschwertes Leben?"

Als er diese Worte hörte, wurde der Reiche schließlich sehr wütend.

„Wer zum Beispiel gern angelt wie du, der kann gelegentlich in den Ferien zum Bach gehen und nach Herzenslust locker angeln oder unter dem Schatten eines Baumes einen Nachmittagsschlaf halten. Habe ich nicht recht?"

Die ausgeworfene Angelschnur spannte straff. Der Schiffer hat mit Freude den gerade geangelten Fisch in den Korb getan. Und er starrte nur schweigend vor sich hin und lächelte. Dann ist er im Kahn wieder eingeschlafen. Als der Reiche das sah, war er völlig verblüfft. Er betrachtete den Schiffer geringschätzig und verließ den Ort.

Der Schiffer schläft schon ganz tief und fest. Ein warmer Wind schafft kleine Wellen auf dem Bach. Die Wellen schaukeln den Kahn am Ufer. Ein angenehmer Schatten eines Baumes legt sich über den Kahn.

„Ich übersetze mein Tagebuch aus dem Japanischen ins Deutsche." を想う

　空間的にinは「中」を表して、対象の存在する場所を指すときは3格、対象が移動する方向を表す場合は4格。それで、insはin+dasの融合形だから、つまりは4格になっている。でも、「ドイツ語に訳す」と言うのに、なんでinなんだろう。なにより、なんで4格？

　たとえば、inは「～の状態で」という意味を表すこともあって、in Armut leben（貧乏（な状態で）暮らしている）やin guter Laune sein（良い機嫌（の状態で）いる＝機嫌が良い）といった使い方がある。これらは3格の例だけど、geraten（陥る）って動詞で、in Armut geraten（貧乏（な状態）になる）とかin Gefahr geraten（危険（な状態）に陥る）ならいずれも4格。これをヒントに、たとえばDie Kühle verwandelte das Wasser in Eis.（冷気が水を氷にした）やEr hat das Haus in eine Kneipe umgewandelt.（彼はその家を居酒屋に改造した）といった文を考えてみると、いずれも4格で、かつ「～を～の状態へと変える」という意味がある。ってことは、「日本語の日記をドイツ語の状態へと変える」って考えれば、「ドイツ語に訳す」になるのも納得！

　ちなみに、空間として捉えると、ausは「中から外へ」だけど、mein Tagebuch aus dem Japanischenは、「日本語から外へ」じゃなくて、aus Holz bestehen（木（から）構成されている＝木でできている）のように、構成要素とか材料を表すときのaus。つまり、「日本語で書かれた」ってことだね......zzz

„Am Freitag gehe ich in die Kneipe." を想う

　「曜日」はanを使うけど、たとえば「季節」はinを使う。空間的な意味で言えばanは「接触」だから、「金曜日に」ってのは、その「日」、つまりは「時点」にピタッとくっついてるイメージかな。一日の区分もam Morgen（朝に）、am Tag（昼に）、am Abend（晩に）だから、きっと同じ感覚なんだろう。それで、時点としての「曜日」が7つ連なると一週間になり、この「週間」って漢字からもわかるように、そこには時間の幅が生まれる。この幅を空間的に捉えると、「中」を表すinが使われてin einer Wocheになる。ちなみに、「週末に」ってのはam Wochenendeであって、週末は複数の日だから時間幅があるはずだけど、あくまで一週間を区切るってことで時点として捉えるのかな。

　それで、「週」が4回連なると「月」になり、月が12回連なると「年」になる。そもそも、週がinで表される時間幅だから、月と年もim　Monat, im Jahrとなり、たとえば日本では、おおよそJuni, Juli, Augustという時間幅をつなげた「夏に」って言うときはim Sommerとなる。「季節」のドイツ語はJahreszeitだけど、フランス語のSaisonなんかも使われたりして、「シーズン中」って言うときはやっぱりin der Saisonでinになる。

　ところで、「夜に」はan der Nachtじゃなくin der Nachtだけど、これは一日の区分のなかで特別。ひょっとしたら、夜は、水中や空中みたいに、「四方八方が闇に包囲」されてるからかも。

　うん、部屋も真っ暗だし、もう寝よう！ Gute Nacht...

著者紹介

筒井 友弥（つつい　ともや）

京都外国語大学准教授。専門は近代ドイツ語学、心態詞研究。
2000 年から 2001 年マンハイム大学（ドイツ）、2003 年から 2004
年テュービンゲン大学（ドイツ）に留学。高校 2 年生のときにデンマー
クに留学し、はじめて英語以外の外国語に触れる。そこで言語の広
がりや多様さを知り、「言語」をコミュニケーションのツールとし
て用いる楽しさや奥深さを感じる。「ことばは魔法」がモットー。

1 日 5 題文法ドリル　つぶやきのドイツ語 ［増補新版］

2024 年 4 月 5 日　印刷
2024 年 4 月 30 日　発行

著　者 © 筒　井　友　弥
発行者　岩　堀　雅　己
印刷所　株式会社　精興社

101-0052 東京都千代田区神田小川町 3 の 24
発行所　電話 03-3291-7811（営業部），7821（編集部）　株式会社　白水社
www.hakusuisha.co.jp
乱丁・落丁本は送料小社負担にてお取り替えいたします。

振替 00190-5-33228　　　Printed in Japan　　　加瀬製本

ISBN978-4-560-09968-1